A FUNÇÃO SOCIAL DO ACORDO DE ACIONISTAS DE COMANDO E SUA RELAÇÃO COM A FUNÇÃO SOCIAL DA EMPRESA

MARIA THERESA WERNECK MELLO

Rio de Janeiro – 2016

Para Bia, Cris e Lola.
Para Felipe e Rafael.
Para o Jorge. Sem ele nada teria sido possível.

AGRADECIMENTOS

Foi um tempo de muito sacrifício. Um tempo de perda de convivência com a família (a quem peço oficialmente desculpas!), com os amigos, com a vida lá fora. Mas foi também um tempo de ganhos. E muitos! De muito aprendizado, de novos amigos, de renovação. Sem dúvida valeu a pena!

E são muitos a quem devo uma palavra de agradecimento por essa conquista. Em primeiro lugar, ao Professor Alexandre Assumpção, pela enorme atenção, pela troca de idéias, em especial pela sugestão do tema, que muito me agradou. Aos Professores Luís Roberto Barroso . Gustavo Tepedino, Heloísa Helena Barboza e Maria Celina B. de Moraes, cujas valiosas lições permeiam todo este modesto trabalho.

Importante foi a participação dos queridos amigos que, de alguma forma, contribuíram para o desenvolvimento do trabalho, Diogo de Figueiredo Moreira Neto, José Edwaldo Tavares Borba (com um agradecimento especial pelas críticas e sugestões), Eduardo T. Kataoka (também por todo o apoio), Norma Parente, Antonio Carlos Esteves Torres, Flávio Maia e Wanderley Medeiros.

Não posso deixar de agradecer pela rica convivência aos meus queridos e talentosos amigos do Mestrado, entre os quais o meu genro, Marcos Tabet (também pelo incentivo), e o meu generoso e especial amigo de todo o curso, Sérgio Branco..

Na Brookfield Brasil Ltda, ao seu então Presidente, Dr. Marcelo Marinho, agradeço pela oportunidade, e, pelo apoio, com carinho, lembro todas as amigas da "Jurídica".

A vida mostra que o homem não deixou de ser o lobo do homem, mas temos razões para acreditar que podemos viver num mundo de cooperação e de solidariedade, num mundo capaz de responder satisfatoriamente às necessidades fundamentais de todos os habitantes do planeta. [...]

[...] A saída desta caminhada vertiginosa para o abismo tem de assentar na confiança no homem e nas suas capacidades. Todos sabemos, porém, que as mudanças necessárias não acontecem só porque acreditamos que é possível um mundo melhor. Essas mudanças hão-de verificar-se como resultado das leis de movimento das sociedades humanas, e todos sabemos também que o voluntarismo e as boas intenções nunca foram o motor da história. Mas a consciência disto mesmo não tem que matar o nosso direito à utopia e o nosso direito ao sonho. Porque a utopia ajuda a fazer o caminho. Porque sonhar é preciso, porque o sonho comanda a vida.

Antonio José Avelãs Nunes

APRESENTAÇÃO

Esta obra é baseada em dissertação de mestrado defendida em agosto de 2006 no âmbito do Programa de Pós-Graduação em Direito (área de concentração em Direito Civil) da Faculdade de Direito da Universidade do Estado do Rio de Janeiro, aprovada com grau dez, distinção e louvor por banca examinadora constituída pelos professores Doutor Alexandre Ferreira de Assumpção Alves (orientador, UERJ), Doutor José Gabriel Lopes Pires Assis de Almeida (UERJ) e Doutor Osmar Brina Corrêa-Lima (UFMG), com recomendação de publicação.

Examina-se aqui o acordo de acionistas como instrumento utilizado na associação de capitais em grandes companhias. A obra se concentra no estudo da função social do acordo de acionistas de comando, estabelecendo sua relação com a função social da empresa, eis que esse acordo visa a exercer o controle da companhia. O trabalho é desenvolvido considerando a Constituição como o centro do sistema jurídico, implicando que o direito infraconstitucional seja lido e interpretado a partir da Lei Maior. O Código Civil integrou o direito societário no sistema do Direito Civil. Assim, a perspectiva Civil-Constitucional orienta toda a dissertação. A nova Ordem Constitucional, fundada na dignidade da pessoa humana, privilegia os valores existenciais sobre os patrimoniais. O estudo das cláusulas gerais que tratam da função social do contrato (art. 421 do Código Civil) e da função social da empresa (parágrafo único do art. 116 da Lei das Sociedades por Ações) é realizado basicamente a partir dos fundamentos, fins e princípios constitucionais que informam a ordem econômica. Entre eles há princípios que se contrapõem e que, muitas vezes, são igualmente aplicáveis a um mesmo caso, obrigando o intérprete a utilizar a técnica da ponderação, fazendo prevalecer o princípio que melhor realize a justiça do caso concreto. Através do exame de acordos de acionistas de companhias abertas conclui-se, ao final do trabalho, que ainda predomina a visão patrimonialista e individualista do maior lucro para seus acionistas. As atividades desenvolvidas por essas companhias sob a rubrica "responsabilidade social" revelam que elas representam cumprimento de sua função social, mas não preenchem o espaço imposto pela ordem constitucional. O trabalho excessivo a que seus empregados são submetidos na busca de sempre crescentes lucros leva à ilação de que este é mesmo o objetivo principal da companhia, em detrimento do desenvolvimento da pessoa e da comunidade em que a sociedade atua. A profunda desigualdade social brasileira obriga à maior intervenção estatal para fazer a companhia cumprir sua função social, contribuindo para o objetivo fundamental da República de construção de uma sociedade livre, justa e solidária.

SUMÁRIO

INTRODUÇÃO, **14**

CAPÍTULO I - NATUREZA, ESPÉCIES, CARACTERÍSTICAS E DISCIPLINA DO ACORDO DE ACIONISTAS DE COMANDO, **18**

1.1 - A natureza jurídica, **19**

1.2 - Espécies principais de acordos de acionistas, **23**

1.3 - As características do acordo de acionistas, **24**

1.4 - A disciplina do acordo de acionistas, **35**

CAPÍTULO II - A PERSPECTIVA CIVIL-CONSTITUCIONAL E SUA IMPORTÂNCIA PARA O ESTUDO DA FUNÇÃO SOCIAL DO ACORDO DE ACIONISTAS DE COMANDO, **40**

2.1 – A Revolução Francesa. O Constitucionalismo. Os Códigos Oitocentistas. A absoluta separação entre a Constituição e o Código, **41**

2.2 – Século XX. O Estado Social. A publicização do Direito privado, **45**

2.3 – A constitucionalização do direito privado. A centralidade da pessoa humana. A aplicação direta das normas constitucionais, em especial dos direitos fundamentais, às relações privadas, **49**

2.3.1 – A Constituição passa a ser o centro do sistema jurídico, **49**

2.3.2 – A posição nuclear do princípio da dignidade da pessoa humana, **55**

2.3.3 – A possibilidade de aplicação dos princípios constitucionais, em especial dos direitos fundamentais, às relações privadas, **58**

2.3.3.1 – A teoria da eficácia indireta ou mediata das normas constitucionais, **59**

2.3.3.2 – A teoria da aplicação imediata ou direta das normas constitucionais. **63**

2.3.4 – As críticas à teoria da aplicação direta e imediata das normas constitucionais, **68**

2.4 – A nova interpretação constitucional. A diferença entre princípios e regras. A ponderação dos princípios, **75**

2.4.1 - A distinção entre princípios e regras: a ponderação dos princípios, **76**

2.4.2 - Interpretar é concretizar; é estabelecer relação entre a norma e o fato, **81**

2.5 - O entendimento dos Tribunais Superiores brasileiros, **83**

2.6 – A importância da perspectiva civil-constitucional para a análise da função social do acordo de acionistas de comando, **88**

CAPÍTULO III - A FUNÇÃO SOCIAL DO CONTRATO – UM PANORAMA DOUTRINÁRIO E JURISPRUDENCIAL, **92**

3.1 – A liberdade de contratar: visão atual, **92**

3.2 – A funcionalização e a socialização dos institutos jurídicos, **97**

3.3 – Função social do contrato: conteúdo, fundamentos e limites, **101**

3.3.1 – Os artigos 187 e 421 do Código Civil consubstanciam cláusulas gerais, **101**

3.3.2 – O conteúdo e os fundamentos da função social do contrato, **105**

3.3.3 – Os limites da função social do contrato, **113**

3.4 – A função social do contrato segundo a jurisprudência, **116**

3.5 – Principais conclusões sobre o princípio da função social do contrato, **123**

CAPÍTULO IV - A FUNÇÃO SOCIAL DO ACORDO DE ACIONISTAS DE COMANDO E SUA RELAÇÃO COM A FUNÇÃO SOCIAL DA EMPRESA, **126**

4.1 – A função econômica do acordo de acionistas de comando, **127**

4.2 – O atendimento da função social do acordo de acionistas de comando na relação interna dos contratantes, **129**

4.3 - O atendimento da função social do acordo de acionistas de comando na relação externa dos contratantes, **132**

4.3.1 – A sociedade deve zelar pelo cumprimento das condições do acordo das quais tem conhecimento, ainda que não formalmente arquivado em sua sede, **132**

4.3.2 – Os efeitos dos acordos de acionistas de comando vinculam-se necessariamente aos destinos da sociedade empresária e ao cumprimento de sua função social, **134**

4.4 – A função social da empresa. A teoria institucionalista, **137**

4.5 – O conteúdo da função social da empresa sob a perspectiva civil-constitucional, **146**

4.5.1 -O caminho normativo da doutrina da função social no ordenamento brasileiro, **146**

4.5.2 – O conteúdo da função social da empresa segundo a axiologia constitucional, **150**

4.5.2.1 – Os princípios constitucionais da ordem econômica obrigam a companhia ao atendimento de outros interesses além do dos acionistas, **153**

4.6 – Os limites da função social da empresa, **161**

4.7 – O exercício do controle em desacordo com os princípios constitucionais constitui abuso do controlador, **166**

4.8. – No cumprimento de sua função social a empresa também se sujeita aos chamados deveres positivos, **178**

4.8.1 – O entendimento do STJ e STF sobre leis que impõem deveres positivos aos empresários, **183**

4.9 – O exame de acordos de acionistas de companhias abertas e sua conformidade com o princípio da função social do contrato traduzido na função social da empresa, **190**

4.9.1 – Conclusão: a regra é a busca do maior lucro para os acionistas e a maior produtividade para as empresas, numa ótica essencialmente individualista e patrimonialista, **196**

4.10 – O movimento denominado "responsabilidade social corporativa" nas empresas listadas em 4.9, **198**

4.11. – A prevalência ainda da visão patrimonialista sobre a humanista. A necessidade de contínua intervenção do Estado, **206**

CONCLUSÃO, **214**

REFERÊNCIAS, **226**

INTRODUÇÃO

A Constituição pátria dispõe, no art. 170, *caput,* que "a ordem econômica, fundada na valorização do trabalho humano e na livre iniciativa, tem por fim assegurar a todos existência digna".

Assim, se o modelo brasileiro é o capitalista ou da livre iniciativa, a sociedade empresária é o principal agente da ordem econômica, e se a dignidade da pessoa humana é o fim para o qual se deve voltar a ordem econômica, a sociedade empresária torna-se o principal agente de promoção dessa dignidade.

À sociedade empresária, portanto, cabe realizar primordialmente os investimentos de que o País precisa para "garantir o desenvolvimento nacional" (art. 3º, II, Constituição Federal), gerando empregos, pagando impostos, promovendo o desenvolvimento da comunidade onde atua e assim contribuindo para erradicar a pobreza e a marginalização (art.3º, III, Constituição Federal), bem como reduzir as desigualdades regionais e sociais (art. 170, VII).

Numa economia globalizada, em que cada vez mais os empreendimentos, para se tornarem competitivos, demandam vultosos recursos e técnicas cada vez mais sofisticadas, torna-se, muitas vezes, indispensável a associação de sociedades empresárias, para constituir outra sociedade, em especial sob a forma de sociedade anônima, modelo jurídico teoricamente destinado à grande empresa.

Um dos instrumentos postos à disposição de empreendedores, destinado a compor os respectivos interesses nessas associações, viabilizando-as, é o acordo de acionistas. Segundo o Prof. Alfredo Lamy Filho, o acordo de acionistas representa "mecanismo complementar de organização da vida societária".[1]

A presente obra, intitulada " A função social do acordo de acionistas de comando e sua relação com a função social da empresa", parte do desenvolvimento do tema da função social do contrato em relação ao acordo de acionistas de comando, ou seja, àquele que tem por finalidade o exercício do controle de uma sociedade anônima.

Com efeito, o acordo de acionistas de comando assegura a seus signatários o poder de controle da companhia, isto é, o poder de decidir sobre os negócios da sociedade e de orientar a atuação dos órgãos de administração.

Num ordenamento em que, como se verá, todos os institutos estão funcionalizados à realização de um valor, em contrapartida ao poder concedido ao controlador, a lei expressamente atribui a ele o dever de fazer com que a empresa cumpra sua função social. Nas companhias em que o controle é exercido mediante acordo firmado entre acionistas, é a estes que cabe essencialmente essa obrigação - de levar a empresa a cumprir a sua função social. Trata-se do que a doutrina chama de *poder-função,* ao qual correspondem deveres, ônus e obrigações.

Em seguida, aborda-se em especial, a análise da relação entre a função social do acordo de acionistas de comando e a função social da empresa, o que, como se exporá, implica o atendimento de outros interesses igualmente atingidos pelo poder empresarial, quais sejam os dos empregados, fornecedores e clientes da companhia, os credores, os mercados de que participa e a comunidade em que está localizada.

O trabalho será desenvolvido em quatro capítulos.

---

[1] LAMY FILHO, Alfredo. Acordo de Acionistas. *In:* LAMY FILHO, Alfredo; PEDREIRA, José Luiz Bulhões. **A Lei das S.A. Pareceres**. v.2. Parte III. Rio de Janeiro: Renovar, 1996, p.290.

No primeiro, tratar-se-á da natureza jurídica e das espécies de acordo de acionistas, os acordos de bloqueio e os acordos de comando. Nesse capítulo, serão destacadas também as características do acordo de acionistas de comando, considerando o fim comum que une seus signatários e o fato de, embora autônomo em relação ao pacto societário, destinar-se nele a produzir efeitos. Por fim, será versada a questão da disciplina legal do acordo de acionistas de comando, não só considerando a vigência do Código Civil de 2002, mas também a prevalência do novo constitucionalismo, o que será objeto do capítulo seguinte.

O segundo capítulo discorrerá sobre a perspectiva civil-constitucional, o histórico e a evolução das relações entre o direito constitucional e o direito civil até chegar ao estágio atual em que a Constituição passa a ocupar o centro do sistema jurídico, com seus princípios qualificados como normas jurídicas aplicáveis diretamente às relações privadas. A nova interpretação constitucional também será tratada. Afinal, se abordará a importância dessa perspectiva no estudo da função social do acordo de acionistas de comando. Considerando que toda a obra será orientada pela perspectiva civil-constitucional, no sentido de qualquer legislação infraconstitucional ou qualquer ato jurídico deverem ser lidos e interpretados, segundo os valores albergados pela ordem constitucional, centralizados na dignidade da pessoa humana, a esse capítulo se buscará dar um desenvolvimento mais detalhado e completo.

O terceiro capítulo contemplará uma análise, naturalmente resumida, da doutrina sobre a função social do contrato, considerando ter o acordo de acionistas a natureza jurídica de contrato. Especial ênfase será dada à funcionalização ou socialização do institutos jurídicos no Estado Social, caracterizado pela intervenção do Estado na ordem econômica. Após referência aos fundamentos, conteúdo e limites da função social do contrato, buscar-se-á demonstrar, mediante menção a decisões judiciais, como os Tribunais brasileiros vêm-se manifestando sobre o tema. Esse capítulo será finalizado com as principais conclusões dele extraídas, como premissas necessárias à melhor compreensão do capítulo que se segue.

Por fim, no quarto capítulo será tratada a questão da função social do acordo de acionistas de comando, concluindo que ela se revela essencialmente na função social da empresa. Assim, proceder-se-á ao exame do conteúdo, fundamentos e dos limites da função social da empresa, procurando demonstrar que, além dos próprios, outros interesses devem ser considerados pelos acionistas no exercício do controle empresarial.

Através de relatos de casos encontrados na doutrina e jurisprudência e de exemplos retirados da realidade brasileira, procurar-se-á apresentar um panorama das situações de conflito que, muitas vezes, se põem entre os interesses dos acionistas controladores à percepção de lucros e os interesses dos empregados, da comunidade, do consumidor, destacando as soluções que a axiologia constitucional determina. Igualmente, considerando os valores constitucionais, proceder-se-á ao exame de acordos de acionistas de comando de companhias abertas. Uma sucinta referência à chamada "responsabilização social corporativa", mediante pesquisa nos *sites* dessas mesmas companhias, objetivará demonstrar como as companhias interpretam a sua função social.

A partir daí e considerando a realidade brasileira, de profunda desigualdade social, apresentar-se-á, afinal, uma conclusão sobre o desempenho efetivo ou não, pelas sociedades empresárias, do papel que a ordem econômica e social brasileira lhes reservou, e, diante dela, sobre o dever que incumbiria às autoridades governamentais, dos três poderes, tendo em vista o objetivo fundamental da República de construir uma sociedade livre, justa e solidária.

CAPÍTULO I – NATUREZA, ESPÉCIES, CARACTERÍSTICAS E DISCIPLINA DO ACORDO DE ACIONISTAS DE COMANDO

O acordo de acionistas encontra-se regulado no art. 118 da Lei das Sociedades por Ações, a Lei nº 6.404, de 15 de dezembro de 1976, cujo *caput* , com a alteração da Lei nº 10.303, de 31 de outubro de 2001, assim dispõe: "Os acordos de acionistas, sobre a compra e venda de suas ações, preferência para adquiri-las, o exercício do direito de voto ou do poder de controle, deverão ser observados pela companhia quando arquivados na sua sede".

Como se vê, a lei brasileira refere-se a três diferentes tipos de negócios jurídicos abrangidos pelo acordo de acionistas: compra e venda de ações, preferência para adquiri-las e o exercício do direito de voto ou do poder de controle.

Alfredo Lamy Filho destaca que a característica comum desses negócios "é o fato de que uma ou mais partes assumem obrigações sobre o modo de exercer direitos conferidos por ações da companhia"[2].

Nas sociedades anônimas, em que não existe um único sócio com número de ações suficientes para obter a maioria necessária nas deliberações societárias, é comum que os acionistas, ou um grupo de acionistas, firmem acordos para regular o exercício do direito de voto e exercer, assim, o controle da companhia.

A presente obra concentrar-se-á na análise desses acordos de acionistas, os que visam primordialmente a regular o exercício do direito de voto, embora, como se destacará, neles se disciplina sempre, também, a disposição das ações por seus signatários.

---

[2] LAMY FILHO, Alfredo. Acordo de Acionistas. LAMY FILHO, Alfredo; PEDREIRA, José Luiz Bulhões. **A Lei das S.A.Pareceres**.., p.287.

1.1 – A natureza jurídica

No positivismo, informado pela chamada jurisprudência dos conceitos, segundo a qual o direito se construía a partir de postulados e conceitos, assumia especial importância a definição da natureza jurídica dos institutos.

Na concepção social do direito, entende-se que o direito não nasce dos conceitos jurídicos, das teorias, mas sim do direito concreto: é a partir da aplicação do direito ao caso concreto que se constroem os conceitos e as teorias.[3] Na atualidade, a melhor doutrina considera que o estudo do direito não pode prescindir da realidade histórica e social em que se insere. Ensina Enzo Roppo que "os conceitos jurídicos refletem sempre uma realidade exterior a si próprios, uma realidade de interesses, de relações, de situações econômico-sociais, relativamente aos quais cumprem uma função instrumental[4]". Desse modo, as definições jurídicas estão sujeitas a constantes transformações em razão da permanente transformação da realidade e de seus valores.

A determinação da natureza jurídica do acordo de acionistas privilegiará, em consonância, a função econômico-social que o instituto desempenha (e não sua estrutura formal), com o objetivo primordial de identificar os princípios e regras que nele incidem, capazes de, considerando as circunstâncias de cada caso, oferecer soluções para os problemas práticos da vida que mais se conformem ao valor da justiça.

Desde que a Lei nº 6.404/1976, em seu art.118 e parágrafos, regulou especificamente a matéria, não mais existem divergências doutrinárias quanto à validade e eficácia dos acordos de acionistas.

---

[3] NORONHA, Fernando. **O direito dos contratos e seus princípios fundamentais**. São Paulo: Saraiva, 1994, p. 36.
[4] ROPPO, Enzo, **O contrato**. Tradução de Ana Coimbra e M.Januário C.Gomes. Coimbra: Almedina, 1988, p.7

Os acordos de acionistas são firmados, de regra, com o objetivo de estabelecer procedimentos para o exercício, pelos partícipes, do direito de voto nas assembléias-gerais da companhia, ou de seus representantes, nas reuniões do conselho de administração, pré-constituindo maiorias, ou ainda de estabelecer restrições quanto à compra e venda de suas próprias ações. Visam ora à formação de um controle acionário de modo a poder determinar a condução das atividades e negócios da companhia, ora ao estabelecimento de regras para a alienação de suas ações, ora aos dois objetivos. Pode-se dizer, então, que traduzem o resultado do encontro de vontades de seus signatários para tutelar, indireta ou diretamente, interesses e operações nitidamente de caráter econômico.

A celebração de acordo de acionistas insere-se no âmbito da autonomia privada, entendida como a "esfera de liberdade garantida aos sujeitos para o exercício de direitos e de formação de relações jurídicas".[5] No Estado Social e no Estado Democrático de Direito, conforme se desenvolverá no capítulo seguinte, essa vontade não é inteiramente livre, mas deverá ser exercida funcionalmente, isto é, de modo a realizar a função que o direito lhe atribui, concretizando os valores constitucionais.

O Código Civil de 2002 trata, no Título I do seu Livro III, do negócio jurídico como espécie dos fatos jurídicos. A essência do negócio jurídico está em ser uma manifestação ou declaração de vontade, ou seja, um ato de autonomia privada, conforme Francesco Galgano, apto a produzir efeitos jurídicos que o direito realiza quando os admite[6], ou, nas palavras de António Menezes Cordeiro, "a que o Direito associa a constituição, a modificação e a extinção de situações

---

[5]FACHIN, Luiz Edson. **Novo conceito de ato e negócio jurídico.**
Curitiba:EDUCA,1998, p.56, *apud* TEPEDINO, Gustavo; BARBOZA, Heloisa Helena; MORAES, Maria Celina Bodin de.(Org.) **Código Civil interpretado conforme a Constituição da República.**v. 1.Rio de Janeiro:Renovar, 2004, p. 211.
[6] GALGANO, Francesco. **Diritto Privato.** 12. ed. Milão:CEDAM, 2004, p. 228.

jurídicas".[7] Ou ainda na precisa definição de Emilio Betti: "é o acto pelo qual o indivíduo regula, por si, os seus interesses, nas relações com os outros, (acto de autonomia privada): acto ao qual o Direito liga os efeitos mais conformes à função económico-social que lhe caracteriza o tipo."[8]

O negócio jurídico caracteriza-se, assim, por ser ato de vontade da pessoa a que o ordenamento reconhece aptidão para produzir efeitos jurídicos, garantindo espaço para a fixação do conteúdo do negócio dentro dos limites e para os fins do ordenamento. A tutela do negócio jurídico não se justifica só por ser ato de autonomia privada, mas também pela necessidade de proteger a confiança que ele incute na comunidade jurídica[9].

A doutrina costuma subdividir o negócio jurídico em atos unilaterais e contratos, conforme envolvam uma ou mais declarações de vontade. O testamento é exemplo de ato unilateral e o contrato de ato bilateral ou plurilateral.

Na conceituação de contrato prevalece o entendimento de ser ele um acordo de duas ou mais pessoas, tendo por objeto uma operação econômica, uma prestação de conteúdo patrimonial, ou seja, uma prestação suscetível de avaliação econômica.

---

[7] CORDEIRO, António Menezes.**Tratado de Direito Civil português.** I Parte Geral tomo I, 2.ed, Coimbra: Livraria Almedina, 2000, p.304.
[8] BETTI, Emilio. **Teoria geral do negócio jurídico**, Tomo I,Tradução de Fernando de Miranda. Coimbra: Coimbra Editora, 1969, p.108.
[9] CORDEIRO, António Menezes.**Tratado de Direito Civil português**..., p.305. Fernando de Noronha também ensina que "o negócio jurídico (e especialmente o contrato) só pode ser concebido em termos econômicos e sociais. As obrigações resultantes de contratos (e de outros negócios jurídicos) valem juridicamente, são tuteladas pela lei, não apenas porque as partes as assumiram (e quer porque as tenham querido, como sustenta a teoria da vontade, quer porque tenha sido nesse sentido a sua declaração, como sustenta a outra teoria), mas principalmente porque interessa à sociedade a tutela da situação criada, por causa das conseqüências econômicas e sociais que produz" (**O direito dos contratos e seus princípios fundamentais.** São Paulo: Saraiva, 1994, p. 88).

Observe-se, entretanto, que a interpretação dos institutos jurídicos a partir dos valores constitucionais, em especial do solidarismo e personalismo, como se tratará no capítulo seguinte, impõe que o contrato não seja apenas modo de realização de interesses individuais, mas também um meio para perseguir fins socialmente úteis. Ademais, o contrato, ainda que de conteúdo patrimonial, é também atualmente visto como instrumento para a realização pessoal dos contratantes. Por fim, por serem as partes de um contrato titulares de esferas de competência igualmente dignas de respeito, os poderes decorrentes só são "exercitáveis de forma positiva, em entendimento e cooperação."[10]

As características expostas quanto ao contrato conduzem à conclusão de, sendo o acordo de acionistas um acordo de vontades tendo por objeto a criação de relações jurídicas de conteúdo patrimonial, tem ele a natureza jurídica de contrato[11], o qual deverá ser instrumento não só de realização de interesses individuais como também de interesses coletivos, como melhor se desenvolverá no capítulo terceiro.

---

[10] É o que ensina RIBEIRO, Joaquim de Souza, **O problema do contrato. As cláusulas contratuais gerais e o princípio da liberdade de contratar.** Coimbra:Livraria Almedina, 1999, p. 59, após observar às fls. 58 que: "Na verdade, quando dois sujeitos entram em relação para se vincularem através de um contrato, reconhecem-se mutuamente numa posição paritária, como titulares de esferas de competência igualmente dignas de respeito. A articulação entre ambas não se faz então por um critério de exclusão, em que ao poder de um corresponde complementarmente, como seu reverso, o dever do outro. Nem se traduz numa simples coexistência de duas posições activas [...]. O que se nos depara aqui é a interdependência de dois poderes, só exercitáveis de forma positiva, em entendimento e cooperação [...] no sentido preciso de que a eficácia da actuação de um depende da actuação consonante do outro."

[11] BARBI FILHO, Celso Agrícola. Acordo de acionistas:panorama atual do instituto no direito brasileiro e propostas para a reforma de sua disciplina legal. **Revista de Direito Bancário, do Mercado de Capitais e da Arbitragem.**.São Paulo:Revista dos Tribunais, n. 8, abr./jun.2000, p.35, observa que "não há mais dúvidas no direito brasileiro de que o acordo de acionistas tenha a natureza jurídica de um contrato[..]

1.2 – Espécies principais de acordos de acionistas

Costuma-se classificar os acordos de acionistas em dois grandes grupos: os *acordos de voto*, que versam sobre o exercício do direito de voto e o poder de controle, ou seja, sobre direitos políticos, e os *acordos de bloqueio*, que versam diretamente sobre a disposição dos direitos patrimoniais, todos inerentes às ações de titularidade das partes no acordo.

Na prática, é inevitável que os acordos de voto contenham também acordos de bloqueio, como meio de assegurar a unidade e estabilidade do controle societário, e o poder que dele decorre, de direção e orientação empresarial. E, ainda, cláusulas que assegurem a continuidade da atividade empresarial, na hipótese de divergência entre seus signatários[12], a evidenciar a natureza econômica de todo o seu conteúdo. Exemplo disso é a chamada cláusula de saída – *buy or sell.* Tal cláusula possibilita que, na hipótese de ocorrência de impasse entre os acionistas sobre importante deliberação a ser tomada no seio da sociedade, um sócio possa propor, nas mesmas condições, a compra das ações de outro ou oferecer as suas à venda ao outro, que deverá exercer uma ou outra opção.

Os acordos de voto se subdividem em acordos de comando, firmados por acionistas titulares, no mínimo, da maioria do capital votante da sociedade e tendo por objeto o controle da

---

[12] Antonio Pedrol ensina que "El Sindicato de voto necesita del Sindicato de bloqueo para obtener una verdadera efectividad del compromiso de voto en que se apoya, porque si los accionistas pudierón desprenderse de sus accionies libremente resultarían ilusorios en muchos casos los compromisos contraídos y el mando social perdería la estabilid buscada. En este sentido, el Sindicato de bloqueo constituye um instrumento indispensable del Sindicato de mando (PEDROL, Antonio. **La Anónima actual y la sindicación de acciones.** Madrid:Editorial Revista de Derecho Privado, 1969, p. 13). Igualmente Nelson Eizirik observa que o acordo de bloqueio é pactuado para assegurar a eficácia do acordo de voto. No mesmo sentido, também EIZIRIK, Nelson. Acordo de acionistas- arquivamento sede social – vinculação dos administradores de sociedade controlada. **Revista de Direito Mercantil, Industrial, Econômico e Financeiro.** São Paulo:Malheiros Editores, ano 42, n.129, jan/mar. 2003, p.45-53.

sociedade, e os acordos de defesa, firmado por acionistas minoritários, objetivando, por exemplo, a fiscalização mais eficaz dos administradores e controladores da sociedade.

O Professor Alfredo Lamy Filho subdivide os acordos de voto, "para efeito de apreciar a validade das estipulações sobre o exercício do direito de voto"[13] em convenções de prestação e convenções consorciais. Ensina o autor que "Nos acordos de prestação, as partes procuram objetivos próprios e se obrigam a exercer o direito de voto de modo determinado"[14], dando como exemplo a hipótese em que dois acionistas se obrigam a votar a favor da eleição de determinada Diretoria, a fim de alcançar, cada um, sua eleição para este órgão. A diferença entre os acordos de prestação e as convenções consorciais está exatamente no fato de, naqueles, não buscarem as partes fins comuns. Nas convenções consorciais, "as partes se obrigam a reunir seus esforços (contribuindo com atos individuais para criar ação comum), com o objetivo de lograr fim comum"[15], exemplificando com o acordo firmado com o fim de exercer o controle da companhia.

O presente livro terá como escopo principal os acordos de voto majoritários, ou seja, os denominados acordos de comando, visando ao fim comum de exercício do controle da companhia, e, por isso, qualificados também como convenções consorciais.

1.3 – As características do Acordo de Acionistas

A doutrina, de modo geral, atribui ao acordo de acionistas três características principais, quais sejam, as de contrato plurilateral, parassocial e acessório. Para o tema desenvolvido nesta obra apenas interessa abordar a

---

[13] LAMY FILHO, Alfredo; PEDREIRA, José Luiz Bulhões. Acordo de Acionistas. **Lei das S.A. Pareceres...**, p. 287.

[14] LAMY FILHO, Alfredo; PEDREIRA, José Luiz Bulhões. Acordo de Acionistas. **Lei das S.A. Pareceres...**, p.287.
[15] LAMY FILHO, loc.cit.

plurilateralidade e parassocialidade do acordo de acionistas de comando.

A respeito dos contratos plurilaterais, são conhecidas as lições de Tullio Ascarelli, desenvolvidas especificamente tendo em vista o contrato de sociedade. O autor apresenta, entre outras, as seguintes particularidades dos contratos plurilaterais:

a) a possibilidade de participação de mais de duas partes, aqui entendidas, não como várias pessoas, mas como vários centros de interesses.

Nos demais contratos, como na compra e venda, locação, mandato, embora possa haver vários vendedores, compradores, locadores ou mandatários, há sempre duas e somente duas partes. Afinal, depois de observar ser óbvia a possibilidade de participação de apenas duas partes num contrato plurilateral, conclui que "No contrato de sociedade e nos demais contratos plurilaterais é possível a participação *de mais de duas partes.*"[16]

b) cada parte assume direitos e obrigações não para com uma parte, mas para com todas as demais.

No contrato plurilateral, os direitos e obrigações das partes não o são em relação de uma parte para a outra, "mas para todas as outras"; cada parte "adquire direitos, não para com 'uma' outra, mas para com 'todas' as outras"[17]. Ao contrário dos contratos bilaterais, "em que as prestações de cada parte se apresentam numa relação jurídica de equivalência, substituindo-se reciprocamente, no patrimônio de cada uma", nos plurilaterais, "essa relação existe, porém, entre as obrigações e os direitos de cada parte e as de todas as

---

[16] ASCARELLI, Tullio. **Problemas das Sociedades Anônimas e Direito Comparado.** 2ª edição. São Paulo: Saraiva, 1969, p.267.
[17] Ibidem, p. 268.

demais, ou seja, levando em conta obrigações e direitos de cada parte perante todas as demais"[18].

c) os interesses das partes são unificados por um interesse comum: são contratos com comunhão de fim.

No contrato plurilateral, embora possam ser diversificadas as obrigações de cada parte, são elas unificadas por um interesse comum. A comunhão de fim é característica juridicamente relevante do contrato plurilateral, concorrendo "para determinar o alcance dos direitos e deveres das partes"[19].

d) os contratos plurilaterais têm função instrumental.

Outra característica do contrato plurilateral que o especializa em relação ao contrato bilateral é a sua função instrumental, pressupondo uma atividade ulterior, como ensina o jurista italiano:

> Com efeito, a função do contrato plurilateral não termina, quando executadas as obrigações das partes (como acontece, ao contrário, nos demais contratos); a execução das obrigações das partes constitui a premissa para uma atividade ulterior; a realização desta constitui a finalidade do contrato; este consiste, em substância, na organização de várias partes em relação ao desenvolvimento de uma atividade ulterior.[20]

É a essa atividade ulterior que se prende o fim comum a que se destina o contrato plurilateral.

Basicamente, as mesmas características citadas por Tullio Ascarelli levaram Miguel A. Sasot e Miguel P. Sasot a atribuírem a qualificação de plurilateral ao acordo de

---

[18] ASCARELLI, Tullio. **Problemas das Sociedades Anônimas e Direito Comparado** ..., p. 277.
[19] Ibidem, p.272.
[20] Ibidem, p. 268.

acionistas, ou seja, pelo fato de intervir uma pluralidade de partes, sem contraprestações entre si, aglutinadas por um interesse comum e ao qual podem aderir outras pessoas com o mesmo interesse.[21]

Já para Modesto Carvalhosa "o acordo de acionistas poderá ser um contrato plurilateral, bilateral ou unilateral, conforme estejam colocados os interesses dos acionistas, no respectivo contrato."[22] Dá como exemplo de acordo plurilateral o que tiver por objetivo estabelecer uma estável política de dividendos ou alocação de resultados.

O autor acrescenta ainda, citando Tullio Ascarelli, que os acordos de acionistas plurilaterais são contratos de organização, na medida em que o fim comum é atingido mediante o mero cumprimento das obrigações assumidas no acordo, sem que as partes ajam como grupo, dispensando-se, para sua eficácia, o estabelecimento de relações jurídicas com terceiros.[23] Para Modesto Carvalhosa, "o fim comum resulta do fato de cada parte observar, mediante o exercício do voto em assembléia geral, as cláusulas fixadas no acordo de acionistas"[24].

Antonio Pedrol, destacando que a natureza do acordo de acionistas deve seguir a natureza da sociedade, opina no sentido de ser tanto o contrato de sociedade quanto o acordo de acionistas um contrato plurilateral. Para tanto, adota a definição do art. 1420 do Código Civil Italiano, que descreve os contratos plurilaterais como "un contrato con más de dos partes en el que las prestaciones de cada una están dirigidas a la obtención de un fin común".[25]

---

[21] SASOT, Miguel A. Betes; SASOT, Miguel P. **Sociedades anónimas. Acciones, bonos, debentures y obligaciones negociables.** Buenos Aires: Ábaco, 1985, p. 302.
[22] CARVALHOSA, Modesto. **Acordo de Acionistas.** São Paulo:Saraiva, 1984, p.48.
[23] Ibidem, p.49.
[24] CARVALHOSA, Modesto. **Acordo de Acionistas** ..., p. 66.
[25] PEDROL, Antonio. **La anônima actual y la sindicación de acciones.** Madrid:Editoria Revista de Derecho Privado, 1969, p. 45. Observe-se que o

Antonio Pedrol dá grande importância ao fim comum, considerando que em volta dele, da possibilidade de seu cumprimento, girará toda a teoria dos contratos associativos. No acordo de acionistas, o fim comum, no caso do acordo de voto, é o de exercer determinada influência na formação da vontade social[26].

Hugo Henrique Rossi entende não ser absoluta a qualidade de plurilateral do acordo de acionistas, pois, a seu ver, "dependerá de la posición que dentro del acuerdo ocupen los intereses de los partícipes"[27].

Também o Professor Fábio Konder Comparato entende ser "apressada"[28] a conclusão de que os acordos de acionistas têm a natureza de contrato plurilateral ou com comunhão de escopo, por desconsiderar a grande variedade de acordos acionários.

O autor classifica até mesmo os acordos de acionistas de voto, quanto aos seus efeitos, em unilaterais, bilaterais ou plurilaterais. Dá como exemplo de acordo unilateral a hipótese de o donatário de ações se obrigar a seguir o voto do doador em certas matérias, como encargo da doação. Nesse caso, haverá apenas obrigação para o donatário. Como exemplo de acordo bilateral, o professor paulista lembra a hipótese em que os signatários trocam vantagens: acordam eleger representantes de um dos signatários para certos

---

art. 1420 do Código Civil italiano assim dispõe: Nei contratti con più di due parti, in cui le prestazione di ciascuna sono dirette al conseguimento di uno scopo comune, la nullità che colpisce il vincolo du una sola delle parti no importa nullità del contratto, salvo che la partecipazione di essa debba, secondo le circostanze, considerarsi essenziale".

[26] Ibidem, p.47-49.

[27] ROSSI, Hugo Henrique. Oponibilidad y cumplimiento en los convenios de sindicación de acciones. *In* Dubois, Eduardo M.Favier (Org.). **Negócios parasocietarios.** 2.ed. Buenos Aires: AD-HOC, 1999, p.55.

[28] COMPARATO, Fábio Konder. Eficácia dos Acordos de Acionistas. **Novos ensaios e pareceres de Direito Empresarial** . Rio de Janeiro:Forense, 1981, p.75 .

cargos administrativos em contrapartida à eleição de representantes de outro signatário para outros cargos.[29]

Fábio Konder Comparato observa que os acordos de acionistas plurilaterais "podem constituir, em razão de suas características estruturais, uma espécie de complemento ou regulamento das normas estatutárias".[30]

De fato, considerando os ensinamentos básicos de Tullio Ascarelli, o acordo de acionistas poderá, conforme o seu objeto, ser unilateral, bilateral, plurilateral, de que são evidência os exemplos dados por Fabio Konder Comparato. De qualquer sorte, no que tange ao acordo de acionistas de comando, parece poder afirmar-se ser nele encontrada, principalmente naqueles em que se reúnem mais de dois centros de interesses, a característica de contrato plurilateral, em razão do fim comum e de seu caráter instrumental.

O fim comum dos acionistas reunidos no acordo de comando é o exercício do controle de uma companhia. O exercício desse controle não se esgota no voto proferido, seja na assembléia-geral seja na reunião do conselho de administração da sociedade, segundo os procedimentos

---

[29] Interessante questão foi objeto de discussão na Apelação Cível nº 139.428-1/6, julgada pelo Tribunal de Justiça do Estado de São Paulo, em 28.08.1991, sendo Relator o Des.Fonseca Tavares, conforme noticia Paulo de Lorenzo Messina, e Paula A.Forgioni, **Sociedade por ações: jurisprudência, casos e comentários.** S.Paulo: Revista dos Tribunais, 1999, p.140/141. Tratava-se de pedido de extinção de acordo de acionistas celebrado por pessoas jurídicas, cada uma controlada por uma família. Como o controle de uma das pessoas jurídicas signatárias do acordo tinha sido alienado a terceiros, discutia-se se o acordo deveria ou não prevalecer. Se o contrato fosse plurilateral, ou seja com o fim de proteger interesse comum, o acordo deveria permanecer; se bilateral, o desaparecimento de uma das pessoas do acordo, celebrado *intuitu personae,* acarretaria a sua extinção. No caso, prevaleceu o entendimento da caracterização do acordo como contrato bilateral, "porque havia dois centros de interesses e obrigações 'contrastantes, complementares e correspectivas", tendo o Tribunal autorizado a sua extinção.
[30] COMPARATO, Fábio Konder. Acordos de Acionistas.Validade e eficácia dos acordos de acionistas. **Novos ensaios e pareceres de Direito Empresarial .** Rio de Janeiro:Forense, 1981, p.56 .

estabelecidos no acordo. O voto não é o seu fim último, mas sim um instrumento, um meio, para a atividade ulterior de determinar os destinos da sociedade empresária da qual são participantes, pois "na grande maioria das companhias o poder político não se manifesta exclusivamente no momento em que a Assembléia Geral se acha reunida, mas existe e atua permanentemente".[31]

Importa aqui destacar a realização do fim comum como a principal característica do acordo de acionistas de comando, qualificado assim como contrato plurilateral. O fim comum sem dúvida acentua o dever de as partes agirem com colaboração, ética e lealdade. Tal obrigação imposta às partes de um contrato decorre do princípio da boa-fé objetiva, um dos chamados novos princípios contratuais, e que, segundo a doutrina, também integra o conteúdo, como adiante se desenvolverá, da função social do contrato, vista sob o prisma da sua relação interna. Sua fonte constitucional, como também se abordará, é o princípio da solidariedade.

A consideração de ser o acordo de acionistas um contrato plurilateral, dirigido à implementação de um fim comum, no qual avulta o dever de cooperação, confiança e lealdade, foi determinante para a decisão do Superior Tribunal de Justiça, no RESP nº 388.423-RS.[32] Com efeito, o relator, após citar partes do acórdão recorrido, no sentido de que "o fundamento exato da demanda [...] está efetivamente no incumprimento do dever básico aos chamados contratos ou negócios plurilaterais", nos quais "exatamente [...] as prestações dos contratantes dirigem-se à obtenção de um fim comum", entendeu que a quebra desses deveres, da *affectio societatis,* inviabilizava o atingimento do fim comum e autorizava a decisão de resolução do contrato por inadimplemento.Veja-se o seguinte trecho de seu voto:

---

[31] LAMY FILHO, Alfredo. Acordo de acionistas....., p. 290.
[32] BRASIL.Superior Tribunal de Justiça. Recurso Especial nº 388.423-RS. Quarta Turma. Sociedade Anônima. Acordo de Acionistas.Relator Min.Sálvio de Figueiredo Teixeira. Julgado em 13.05.2003.

> Em relação ao mesmo ponto, Celso Barbi Filho, agora na Revista de Direito Mercantil (Editora Malheiros, vol. 121, janeiro-março/2001, pág.31/55), assinalou que o desaparecimento, entre as partes do acordo de acionistas, da fidelidade e da confiança "inviabiliza o cumprimento da finalidade da avença, justificando o pleito de sua rescisão em juízo".
>
> Não só os presentes autos, mas o número de feitos relativos à mesma questão – e são diversos em curso somente neste Tribunal – evidenciam com eloqüência a ausência de confiança e quebra do dever de cooperação e lealdade entre as partes do acordo de acionistas de que se cuida, justificando a solução adotada pelas instâncias ordinárias.
>
> De concluir-se, portanto, que o acórdão que decretou a resolução do acordo de acionistas, fundando-se na quebra da *affectio societatis*, com alicerce na deslealdade e no conjunto de atitudes incompatíveis com o dever de cooperação, inclusive a vedação do acesso do representante da recorrida às dependências da Companhia, declarando, nessa linha, a inviabilidade da continuidade na vigência do ajuste, não pratica violação à lei federal de índole infraconstitucional, não logrando ser acolhido o apelo, no particular.

Outra característica do acordo de acionistas é a de ser um contrato parassocial. A importância desta classificação centra-se em torno da eficácia societária desses acordos, ou seja, da vinculação pela sociedade aos efeitos que os acordos de acionistas produzem na sua estrutura.

A doutrina italiana majoritária define o contrato parassocial como aquele "concluído fora de" ou "separado de" ou "não incluído no" ou "independente" ou "distinto" do contrato social.³³ A expressão "contratos parassociais" surgiu na obra de Giorgio Oppo, em 1942, na Itália. Segundo Raul Ventura, Giorgio Oppo identificava duas características nesses contratos: primeiro, a sua distinção do contrato social e, segundo, a sua ligação com a relação social. Ou seja, "são acordos que acedem ao regulamento social da relação, mas não perdem a autonomia de negócio distintos."³⁴

Igualmente Fábio Konder Comparato afirma que a doutrina italiana, ao caracterizar os acordos de acionistas como pactos parassociais, objetivou destacar o fato de que, embora distintos, pela forma e pelo escopo, do pacto societário, tais acordos são celebrados para produzir efeitos no âmbito social.³⁵ Desse modo, na relação entre o acordo e os atos constitutivos ou estatutos da sociedade, o autor destaca a autonomia formal do acordo e, ao mesmo tempo, a sua coligação funcional com o contrato societário³⁶.

Antonio Pedrol classifica os acordos de acionistas como contrato parassocial, já que, embora surgindo por acordos marginais ao contrato de sociedade, "viven inexcusablemente a la sombra de la Sociedad, con cuyo desenvolvimiento están conexionados"³⁷.

Já Miguel A. Sasot e Miguel P. Sasot qualificam a parassocialidade do acordo de acionistas em contraste com a socialidade do pacto societário: a) no acordo, a sociedade não

---

³³SANDOVAL, Carlos A. Molina. **Sindicación de Acciones. Contornos Jurídicos de los Acuerdos de Accionistas.** 1.ed.Buenos Aires:Depalma, 2003, p.33.
³⁴ VENTURA, Raúl.**Estudos vários sobre sociedades anônimas. Comentário ao Código das Sociedades Comerciais.** Cap. I , p.9-101. Coimbra: Almedina, 1992, p. 11.
³⁵ COMPARATO, Fábio Konder.Eficácia dos Acordos de Acionistas. **Novos ensaios e pareceres de Direito Empresarial .** Rio de Janeiro:Forense, 1981, p.75.
³⁶ COMPARATO, Fábio Konder;e SALOMÃO FILHO, Calixto. **O poder de controle na sociedade anônima.** 4. ed. Rio de Janeiro: Forense, 2005, p. 199.
³⁷ PEDROL, Antonio. **La anônima actual y la sindicación de acciones....,** p. 17.

intervém e o nexo vinculativo se forma entre os acionistas, à margem da sociedade; o interesse dominante é o dos acionistas integrantes do acordo; b) no contrato de sociedade, o vínculo se forma entre a sociedade e os acionistas; o interesse dominante é o da sociedade. Ademais, considerando a legislação argentina (cuja lei acionária não regula tais acordos), a parassocialidade para esses autores adviria também do fato de o acordo não obrigar a sociedade, destacando, outrossim, não querer isso significar que a sociedade seja totalmente alheia aos efeitos desses acordos[38].

A importância da classificação dos acordos em pactos parassocietários - como atos destinados a produzir efeitos no âmbito societário, repita-se - é o grau de vinculatividade para a sociedade do que neles se convencionou. Tal vinculatividade "dependerá diretamente do nível de reconhecimento legal dessas realidades"[39].

No Brasil, o artigo 118 da Lei Acionária expressamente obriga a sociedade à observância do acordo, desde que: tenha por objeto as matérias relacionadas no *caput* do artigo e esteja devidamente arquivado em sua sede, assegurando ainda a sua execução específica.

Calixto Salomão Filho critica os que se posicionam contra o regramento legal dos acordos de acionistas, em razão do potencial conflito que surge por força de sua natureza parassocietária (isto é, do fato de se destinar a produzir

---

[38] SASOT, Miguel A. Betes; SASOT, Miguel P. **Sociedades anónimas.Acciones, bonos, debentures y obligaciones negociables**...., p. 303 e 304. Outro jurista argentino Carlos A Molina Sandoval também entende que "[...], tal adjetivo (parasocial) prescribe que la sociedad no es totalmente ajena a los efectos derivados de tal acuerdo, pues justamente estos acuerdos tiene como finalidad prefijar la voluntad social del ente. Por ello, la relación sindicato-sociedad estará signada por un sentido que es distinto a la cualquier tercero, ya que el objeto de estos contratos es primordialmente el de influir en el desenvolvimiento del ente societario. La sociedad es un tercero, pero no tanto".(**Sindicación de Acciones. Contornos Jurídicos de los Acuerdos de Accionistas**..., p.72).
[39] COMPARATO, Fábio Konder; SALOMÃO FILHO, Calixto. **O poder de controle na sociedade anônima...**, p. 201.

efeitos na sociedade). Para ele, considerando que é justamente através da estrutura societária que esses acordos ganham relevância para o mundo exterior, a eficácia societária desses acordos regulada na lei "permite selecionar o conteúdo dos acordos, impedindo que produzam efeitos perante a sociedade e terceiros acordos que, parassocietários – sem a consistência do vínculo societário -, visem diretamente a substituí-lo."[40] A Exposição Justificativa do Projeto da atual Lei nº 6.404/76 destacava que a ausência de regulamentação legal do acordo representava "a causa de grande número dos abusos e malefícios que se lhe atribuem", justificando-se a regulamentação em substituição à *holding* (e os inconvenientes da transferência definitiva das ações para a sociedade) e ao acordo oculto e irresponsável (de eficácia duvidosa em grande número de casos)"[41].

A característica da parassocialidade do acordo de acionistas de comando será importante para o exame da sua função social tendo em vista a relação externa que dele surge, não só dos partícipes com a companhia, como também com os titulares de outros interesses que dela dependem. Também o caráter plurilateral do acordo, implicando o seu caráter instrumental para uma atividade ulterior, qual seja o exercício do controle da companhia, cumpre, de resto, o mesmo papel.

Em resumo, pode-se concluir que o acordo de acionistas de comando é um contrato típico, firmado entre acionistas, de natureza plurilateral, em razão do fato de ter por fim comum a detenção do controle da companhia, e parassocial, do fato de, embora autônomo em relação ao pacto societário, nele se destinar a produzir efeitos.

---

[40] Ibidem, p. 202.
[41] LAMY FILHO, Alfredo; PEDREIRA, José Luiz Bulhões. **A Leis das S.A. Pressupostos Elaboração.** v.1. 2. ed. Rio de Janeiro:Renovar, 1995, p. 238.

1.4 – A disciplina do acordo de acionistas

Apesar de previsto na Lei das Sociedades por Ações de 1976, época em que essas sociedades eram consideradas comerciais por força de lei[42], o entendimento dominante era o de que, seja de forma subsidiária ou principal, as normas relativas às obrigações e aos contratos previstas no Código Civil, e não no Código Comercial, se aplicavam aos acordos de acionistas.

Para Luiz Gastão Paes de Barros Leães, citando Jürgen Dohn, o acordo de acionistas caracterizar-se-ia como ato gerador de obrigações "fora do Direito Societário, relacionando-se com o Direito das Obrigações."[43]   Já Alfredo Lamy Filho, este um dos autores da atual Lei das Sociedades por Ações, e Darcy Bessone caracterizam primordialmente o acordo de acionistas como instituto de direito societário.

Para Alfredo Lamy Filho, as cláusulas do acordo "devem ser compatíveis com as normas e os princípios do restante da lei, somente aplicando-se secundariamente, e na medida que inexistam mandamentos especiais da Lei das S.A., as normas e os princípios do direito geral das obrigações" [44]. Observa, ademais, que o fato de a lei ter integrado o acordo de acionistas no mesmo sistema de normas da vida societária e ter-lhe conferido eficácia tem como contrapartida a observância pelo acordo das normas institucionais, "sem o que não poderia ser cumprido pela companhia"[45].

---

[42] Atualmente, as sociedades por ações são consideradas sociedades empresárias, conforme o disposto no parágrafo único do art. 982 do Código Civil de 2002.
[43] LEÃES, Luiz Gastão Paes de Barros. Pactos Parassociais. Natureza jurídica –Execução específica – Opção de recompra de participação societáris e inexistência de infringência dos arts. 288 do CComercial e 1 372 do CC, por não configurar pacto leonino. **Revista dos Tribunais.** S.Paulo:Revista dos Tribunais, n.601, novembro de 1985, p.44.
[44] LAMY FILHO, Alfredo. Acordo de Acionistas. *In:* LAMY FILHO, Alfredo; PEDREIRA, José Luiz Bulhões. **A Lei das S.A. Pareceres....** p. 291.
[45] Ibidem, p.290.

Darcy Bessone também entende que o acordo de acionistas, tendo por objeto as matérias relacionadas no art. 118 da Lei das S/A, a ser obrigatoriamente observado pela sociedade quando arquivado em sua sede, "insere-se no estatuto legal das sociedades por ações, como mecanismo ou instituto específico do Direito Acionário ou Societário, inconfundível com qualquer avença de acionistas que não tenha um dos três referidos objetos"[46]. Para o autor, se o acordo de acionistas tem por objeto outras matérias que não aquelas especificadas no citado art. 118, "ele só poderá ser considerado no plano do Direito geral, não no do especial das sociedades."[47]

Na mesma linha, Fábio Konder Comparato, após destacar a existência de uma "coligação indefectível[48]" entre os acordos de acionistas e as normas estatutárias, considera que o acordo de acionistas é "norma secundária", em confronto com o estatuto social e a lei, que se qualificam como norma primária, no sentido hierárquico. Essa aproximação do acordo com as normas estatutárias faz realçar, segundo Fábio Konder Comparato, a natureza contratual do acordo de acionistas, o qual submete-se, assim, às normas comuns do direito privado e às regras gerais do direito societário.

Fábio Ulhoa Coelho é taxativo ao afirmar que "a disciplina dos acordos de acionistas exaure-se nos quadrantes do direito societário"[49].

Já Modesto Carvalhosa, em clássica obra sobre o tema, revela perplexidade quanto ao fato de a regulação do acordo de acionistas estar previsto na lei acionária. Para ele, "tal negócio repousa exclusivamente sobre um acordo de vontades dos contratantes", estando esse ato gerador de

---

[46] BESSONE, Darcy. Acordo de acionistas: poderes do acionista controlador de sociedade anônima. Arts. 116, 238 e 273 da Lei 6.404/76. **Revista dos Tribunais**. v.80. n.672. São Paulo: Rev.dos Tribunais. out. 1991, p. 35.
[47] Ibidem, p. 41.
[48] COMPARATO, Fábio Konder. Eficácia dos acordos de acionistas. **Novos ensaios e pareceres de Direito Empresarial.** ..., p.75.
[49] COELHO, Fábio Ulhoa. **Curso de Direito Comercial.** v. 2. São Paulo:Saraiva, 1999, p.311.

obrigações "fora do direito das sociedades anônimas, relacionando-se com o direito das obrigações."[50] Para o autor, os negócios objeto do acordo (sentido do direito de voto e disponibilidade das ações) pertencem à esfera privada do acionista, sendo sua repercussão sobre a vida social "estranha ao direito das sociedades anônimas"[51].

Com efeito, têm razão Alfredo Lamy Filho, Fábio Konder Comparato e Darcy Bessone quando afirmam que os acordos de acionistas devem ser primordialmente regidos pelo direito societário.

As características do acordo de acionistas de comando, ressaltadas no presente trabalho, de contrato plurilateral e parassocial, tornam o acordo estreitamente vinculado ao pacto societário, de tal sorte que o fim a que visam e os efeitos que pretendem só serão válidos se estiverem em consonância com a legislação que rege a organização e o funcionamento da companhia. Assim é que o § 2º do art. 118 dispõe que os acordos de acionistas "não poderão ser invocados para eximir o acionista de responsabilidade no exercício do direito de voto (art. 115) ou do poder de controle (arts. 116 e 117)". Do mesmo modo, como ensina Alfredo Lamy Filho, a companhia não estaria obrigada a - ou até mesmo estaria impedida de - observar os termos do acordo se eles não estivessem em consonância com a legislação e princípios que a rege[52].

---

[50] CARVALHOSA, Modesto. **Acordo de Acionistas. ...**, p.31.
[51] Ibidem, p.33.
[52] LAMY FILHO, Alfredo. Acordo de Acionistas. *In:* LAMY FILHO, Alfredo; PEDREIRA, José Luiz Bulhões. **A Lei das S.A. Pareceres. ...**, p. 290. Nas palavras do autor: "A orientação da lei de conferir estado de cidade ao acordo de acionistas, integrando-o no mesmo sistema das normas da vida societária, tem por contrapartida necessária sujeitá-la (sic) à estrita observância das normas institucionais – sem o que não poderia ser cumprido pela companhia. Esta a conseqüência, de maior relevo, da incorporação do acordo ao texto da Lei das S.A. e da eficácia que esta lhe conferiu, ao obrigar a companhia a observar um contrato que os acionistas estão livres para firmar, mas que irá produzir resultados na comunidade dos sócios."

Essa discussão, entretanto, perdeu a importância que tinha até então. Primeiro, porque o Código Civil de 2002, além de unificar o direito das obrigações e dos contratos, revogando a Parte Primeira do Código Comercial de 1850, trouxe em seu bojo o Livro "Direito de Empresa", onde disciplina o Direito Societário. Tal fato significa dizer que o Direito Societário hoje integra o Direito Comum, justificando ser agora parte do chamado Direito Civil-Empresarial.[53] Segundo, porque como se desenvolverá no capítulo seguinte, a Constituição passou a ocupar o centro do sistema jurídico, devendo todo o direito infraconstitucional, de qualquer ramo, ser lido e interpretado a partir dos princípios e valores implícita ou explicitamente previstos na Lei Maior.

Por essa razão, a análise do acordo de acionistas de comando será feita a partir da perspectiva civil-constitucional, a cujo estudo se dedicará o capítulo seguinte.

---

[53] O fato de as sociedades anônimas estarem regidas por lei especial não as exclui do sistema do Código Civil, como ensina Luiz Gastão Paes de Barros Leães: "De maneira distinta, porém, do congênere italiano, o Código promove a fixação, em termos gerais, das normas caracterizadoras das sociedades anônimas (arts.1.088-1089) e das cooperativas (art. 982, parágrafo único, c/c art. 1.093), para ressalva de sua integração no sistema do Código Civil, embora disciplinadas em lei especial".(A disciplina do direito de empresa no novo Código Civil brasileiro. **Revista de Direito Mercantil, Industrial, Econômico, Financeiro.** São Paulo: Malheiros Editores. v.128, p. 7-14, out-dez 2002

Capítulo II – A PERSPECTIVA CIVIL-CONSTITUCIONAL E SUA IMPORTÂNCIA PARA O ESTUDO DA FUNÇÃO SOCIAL DO ACORDO DE ACIONISTAS DE COMANDO.

O tema da perspectiva civil-constitucional ou da constitucionalização do Direito Civil liga-se ao desenvolvimento histórico da relação entre o Direito Público e o Direito Privado, partindo-se da visão do Estado Liberal, da absoluta separação entre os respectivos âmbitos de atuação, até a intensa interpenetração dessas duas esferas atualmente verificada no Estado Democrático de Direito.

A constitucionalização do Direito é também fruto do reconhecimento da normatividade das disposições constitucionais e, por força da sua superior posição hierárquica, do reconhecimento da possibilidade da aplicação de suas normas, inclusive dos princípios, em especial dos que consagram os direitos fundamentais, diretamente às relações jurídico-privadas.

Considerando que nas relações privadas, ambas as partes são titulares de direitos fundamentais, essa aplicação dos princípios e valores constitucionais às situações intersubjetivas particulares impôs uma nova técnica de interpretação denominada ponderação de valores. Nela, a apreciação das circunstâncias do caso concreto e a adequada fundamentação da decisão são comportamentos dos quais não pode eximir-se o aplicador do direito.

A constitucionalização do Direito implica ainda que o Direito Civil, e qualquer outro ramo do Direito, seja lido e interpretado à luz dos valores albergados no Texto Maior, ocupando posição nuclear o da dignidade da pessoa humana.

Essas as considerações principais, desenvolvidas a seguir, que conduzem, como se verá, à conclusão de que o acordo de acionistas de comando e a legislação que o rege, objeto do presente trabalho, devem ser estudados, interpretados e aplicados a partir da perspectiva constitucional, significando que as relações patrimoniais por eles disciplinadas devem ser funcionalizadas aos valores existenciais e de justiça social previstos na Constituição.

2.1 – A Revolução Francesa. O Constitucionalismo. Os Códigos Oitocentistas. A absoluta separação entre a Constituição e o Código.

Luís Roberto Barroso identifica na Revolução Francesa um marco que deu ao Direito Constitucional uma constituição escrita e ao Direito Civil o Código Napoleônico[54].

Tais diplomas legais, entretanto, dispunham sobre matérias distintas. A Constituição era a Carta *política*, destinada a regular as relações entre o Estado e os cidadãos e a limitar os poderes estatais frente aos indivíduos. A Constituição expressava fundamentalmente a oposição da sociedade burguesa ao despotismo político, ao arbítrio do poder público. Traduzia o desmantelamento do Estado absoluto e a construção do Estado de direito.

O Código Civil era o *documento jurídico,* fonte do direito geral. Inspirava-se no princípio da civilização moderna, de igualdade, difundido pela Revolução Francesa: os homens eram iguais entre si. As diversas condições de classe do sujeito (nobre, burguês, eclesiástico etc) são substituídas pela condição única de cidadão, todos regidos pela mesmíssima lei [55]. O código exauria sua tutela, por um lado, ao direito subjetivo (ou seja, sobretudo à propriedade) ou antes, ao seu

---

[54] BARROSO, Luís Roberto. O novo direito constitucional e a constitucionalização do direito.*In:* **Temas de Direito Constitucional.** Tomo III. Rio de Janeiro:Renovar, 2005, p. 511.

[55]GALGANO, Francesco.**Diritto Privato.** Padova:Cedam, 2004, p. 41-42.

titular, e, por outro lado, à vontade individual, ou seja, ao contrato.[56]

Ademais, o código tinha a pretensão de autossuficiência, de reger integralmente as relações entre os particulares, a expressar outro valor dos mais importantes para a teoria liberal: a segurança jurídica. "O código regulava de forma analítica e precisa as situações jurídicas individuais, podendo ser aplicado pelos juízes com elevado grau de certeza"[57]. Ao juiz cabia apenas a tarefa de ser *la bouche de la loi*, aplicando o direito ao caso concreto, numa operação meramente silogística.

Eugênio Facchini Neto bem analisa a situação de irresponsabilidade que tal sistema gerava. Em suas palavras:

> Percebe-se, assim, que tal ideologia buscou transformar o jurista em simples técnico, operador de atividade meramente cognitiva (e não prático-valorativa), usando métodos lógico-formais e sem nenhuma responsabilidade política. Aliás, em tal sistema, ninguém tem responsabilidades diante de leis injustas - e todos podem olimpicamente lavar as mãos[58].

Outra novidade dessa fase residia no fato de o direito privado, que sempre fora o reino da não intervenção estatal, se tornar estatal, "porque, pela primeira vez na história do direito, o

---

[56] GIORGIANNI, Michele. O Direito Privado e suas fronteiras atuais. Trad. Maria Cristina De Cicco.*In* **Revista dos Tribunais.**. Rio de Janeiro:Rev.dos Tribunais, n. 747[separata],jan.1988, p.35-55.
[57] PEREIRA, Jane Reis Gonçalves. Apontamentos sobre a aplicação das normas de direito fundamental nas relações jurídicas entre particulares. *In:* BARROSO, Luís Roberto(Org.) **A nova interpretação constitucional: ponderação, direitos fundamentais e relações privadas.** Rio de Janeiro-São Paulo: Renovar, 2003, p. 129.
[58] FACCHINI NETO, Eugênio. Reflexões histórico-evolutivas sobre a constitucionalização do direito privado. *In:* SARLET, Ingo Wolfgang (Org.). **Constituição, Direitos Fundamentais e Direito Privado.** Porto Alegre:Livraria do Advogado, 2003, p.21.

legislador se ocupa de forma sistemática e abrangente do direito privado.[...]", abandonando o pluralismo jurídico que vigorava anteriormente.⁵⁹

Assim o Direito Civil de então caracteriza-se como estatal e burguês, no sentido de que passa a espelhar a ideologia, os anseios e as necessidades da classe socioeconômica que havia conquistado o poder em praticamente todos os Estados ocidentais.⁶⁰ Daí que passam a predominar os valores do liberalismo econômico, quais sejam o individualismo, a propriedade territorial e a liberdade contratual, como instituto auxiliar, para facilitar as transferências e a criação de riqueza⁶¹. A ênfase situa-se no voluntarismo jurídico, na liberdade e autonomia contratual e na igualdade meramente formal, que só encontram limite no mínimo necessário para permitir a convivência social.⁶²

As duas esferas, do Direito Constitucional e do Direito Privado, não se relacionavam. Era nítida a separação entre o Estado e a sociedade. O Estado não devia intervir nas relações privadas. A nova classe, a burguesia, era animada pela convicção de que a própria prosperidade proviesse do livre jogo das forças de mercado⁶³, um dos postulados básicos do liberalismo. "O Direito Privado coincide com o âmbito dos direitos naturais e inatos dos indivíduos enquanto que o Direito Público é aquele emanado pelo Estado, voltado para escopos de interesse geral. [...] os dois ramos distinguem-se pela diversidade da fonte: que no Direito Privado reside nos princípios da razão, no Público na vontade do legislador." ⁶⁴

Os direitos fundamentais previstos na Constituição dirigiam-se, portanto, apenas contra o Estado (reino da desigualdade)

---

⁵⁹ Ibidem, p.17.
⁶⁰ GALGANO, Francesco. **Diritto Privato**... p.41-42.
⁶¹ Ibidem, p.18.
⁶² Conforme FACCHINI NETO, op.cit. p.20, que ainda se refere à evidência da inspiração Kantiana: "minha liberdade irrestrita só encontra limitações na idêntica liberdade de meu semelhante".
⁶³ GALGANO, Francesco. **Diritto Privato**... p. 42.
⁶⁴GIORGIANNI, Michele. O Direito Privado e suas fronteiras... p.38.

que, na época, representava a principal ameaça aos direitos e liberdades individuais. Nas relações privadas (império da igualdade)[65], sendo as partes livres e iguais, não se justificava estender a proteção aos direitos individuais. Apenas se justificava a proteção diante da área de tensão existente entre o indivíduo e a autoridade pública, onde se identificava o conflito entre a liberdade e o poder.[66]

As disposições constitucionais não dispunham de força normativa e sua concretização dependia da participação do legislador. O Direito Privado era o direito constitutivo da sociedade burguesa, junto ao qual o Direito Constitucional tinha uma importância secundária.[67] "Eram os próprios códigos que exerciam a função de verdadeiras constituições no âmbito das relações jurídicas privadas"[68].

A história demonstrou que a filosofia liberal e a ausência de constituição econômica serviram de instrumento para exploração dos mais fracos pelos mais fortes, gerando conflitos que redundaram no Estado Social, definido por Paulo Luiz Netto Lôbo, "como todo aquele que tem incluída na Constituição a regulação da ordem econômica e social"[69].

---

[65] As expressões "reino da desigualdade" e "império da igualdade" são de FACCHINI NETO, Eugênio. Reflexões histórico-evolutivas sobre a constitucionalização..., p.16.
[66] BILBAO UBILLOS, Juan Maria. En qué medida vinculan a los particulares los derechos fundamentales? *In:* SARLET, Ingo Wolfgang (Org.). **Constituição, Direitos Fundamentais e Direito Privado.** Porto Alegre:Livraria do Advogado, 2003, p. 300.
[67] HESSE, Konrad. **Derecho Constitucional y Derecho Privado.**Trad. e introd.Ignacio Gutiérrez Gutiérrez. Madrid:Editorial Civitas, 1995, p. 38.
[68] FACCHINI NETO, Eugênio. Reflexões histórico-evolutivas sobre a constitucionalização..., p.35.
[69] NETTO LÔBO, Paulo Luiz. Constitucionalização do Direito Civil. *In* FIUZA, César e outros(Coord.) **Direito Civil. Atualidades.** Belo Horizonte: Del Rey, 2003, p.202.

2.2 – Século XX. O Estado Social. A *publicização* do Direito privado

Com a Constituição mexicana de 1917 e a alemã, de Weimar, de 1919, são introduzidas importantes inovações na relação Direito Constitucional e o Direito Privado. Passam a constar das Constituições disposições e garantias pertinentes às relações privadas[70]. É a fase do *dirigismo contratual*. Nas Constituições são incluídas normas de ordem pública, de interferência nas relações privadas, destinadas a proteger a parte mais fraca: o consumidor, o locatário, o empregado. Busca-se a promoção da igualdade substancial, e não apenas formal. É o Estado Social do século XX, caracterizado pela ação intervencionista e dirigista do legislador, limitadora da autonomia privada.

Ocorre assim a denominada publicização do Direito Privado, iniciada a partir da percepção de que a relação de poder não se estabelece apenas entre o Estado e o cidadão; de que a garantia de liberdade econômica havia se transformado em poder econômico, gerando uma profunda desigualdade entre os homens.[71] "Os textos constitucionais, paulatinamente, definem princípios relacionados a temas antes reservados exclusivamente ao Código Civil e ao império da vontade: a função social da propriedade, os limites da atividade econômica, a organização da família [...]"[72]

Ou, nas palavras de Francesco Galgano:

> La costituzione cessa di essere, anche se questa formula viene tuttora meccanicamente

---

[70] Konrad Hesse (op.cit., p.48) observa que, na Constituição de Weimar, além da garantia da propriedade, apareciam garantias nos institutos da família (matrimônio, pátrio-poder, igualdade jurídica entre filhos havidos fora do casamento), dos contratos (liberdade "de acordo com as leis") e da herança (garantida "de acordo com o Direito Civil").
[71] GALGANO, Francesco. **Diritto Privato**..., p.51.
[72] TEPEDINO, Gustavo.Premissas Metodológicas para a Constitucionalização do Direito Civil.*In:* **Temas de Direito Civil.** Rio de Janeiro:Renovar, 1999, p.7.

> ripetuta, solo la fonte suprema del diritto pubblico, regolatrice della forma di governo e delle guarentigie di libertá dei cittadini nei confronti dello Stato; diventa, al tempo stesso, la legge fondamentale del diritto privato, regolatrice di rapporti fra privati, o con norme immediatamente precettizie o, più frequentemente, con norme di indirizzo per la legislazione ordinária[73].

Na opinião de Konrad Hesse, a relação entre o Direito Constitucional e o Direito Privado caminhou de uma separação de âmbitos para uma relação de complementaridade e dependência, sendo ambos partes necessárias de um ordenamento jurídico unitário[74]. Para ele, após a Primeira Guerra houve uma alteração nessas relações expressa numa alteração de atribuições, qualidade e funções de cada um desses setores jurídicos.

Tem-se o início da crise da distinção entre o Direito Público e o Direito Privado de que fala Michele Giorgianni.[75]

Com efeito, Konrad Hesse observa que a Constituição e seus fundamentos (dignidade da pessoa, as liberdades garantidas pelos direitos fundamentais e a igualdade jurídica, os princípios da democracia e do Estado Social de Direito) obrigam agora todos os poderes do Estado e são parâmetro para todas as decisões judiciais, inclusive para as pertinentes às relações privadas. No Direito Privado, os momentos coletivos e sociais assumiram o primeiro plano como forças dominantes da ordem jurídica, ocasionando a desintegração do sistema clássico do Direito Privado e de seus clássicos conceitos fundamentais. Exemplo sempre lembrado é o do Direito do Trabalho, que passou a ser regulado fora do Código Civil.[76]

---

[73] GALGANO, op.cit., p.52.
[74] HESSE, Konrad. **Derecho Constitucional y Derecho Privado**..., p.81.
[75] GIORGIANNI, Michele. O Direito Privado e suas fronteiras..., p.35-55.
[76] HESSE, Konrad. **Derecho Constitucional y Derecho Privado**..., p.72.

O fundamento do Direito Privado não se encontra mais justificado pelos princípios da razão, mas, tal como o do Direito Público, promana da vontade do Estado. O direito subjetivo torna-se interesse juridicamente protegido até se chegar a sua absorção pela norma.[77]

Alterou-se a ética individual da vontade e da liberdade para uma ética social da responsabilidade solidária, significando que não só o Estado, mas todos, a sociedade e cada um de seus membros, respondem pela existência social de cada um dos demais membros da sociedade.[78] As crescentes dimensões da atividade econômica fazem com que se ultrapassem as fronteiras das relações entre os indivíduos e atinjam o corpo social. A socialização passa a impregnar os institutos privados e não apenas a propriedade.[79] O Direito Privado socializou-se. [80] Essa perspectiva há de ser considerada no estudo da função social da empresa que, como se verá, representa manifestação da função social do acordo de acionistas de comando, em sua relação externa.

Os preceitos constitucionais eram até então entendidos como princípios programáticos[81], no sentido de orientar o legislador quando regulasse a matéria, não gerando qualquer direito subjetivo. O importante é que exerciam uma *função*

---

[77] GIORGIANNI, op.cit., p.43.
[78] HESSE, Konrad. **Derecho Constitucional y Derecho Privado...**, p.72.
[79] GIORGIANNI, Michele . O Direito Privado e suas fronteiras atuais....p.49
[80] As transformações do direito privado e sua aproximação do direito público estão bem sintetizadas na seguinte passagem de Konrad Hesse, op.cit, p.73. : "El Derecho Privado ya no atiende solo a la autodeterminación individual, sino también a la justicia social, y así cabría decir que se há desarrollado en una nueva dimensión que está em tensión con la anterior. Ello conduce a la necesidad de una ordenación de ambos principios y transforma ampliamente la cualidade del Derecho Privado, que passa a ser más que antes un Derecho tutelar, delimitador, que asegura contra el abuso, y con tal tarea se acerca a los demás ámbitos jurídicos."
[81] Eduardo Garcia de Enterría esclarece que "norma programática quer dizer "un mero enunciado ideal que solo através de las leyes que acogiesen dicho programa (con total libertad de hacerlo o no y en qué medida) gana virtud normativa vinculante propriamente dicha."*In* **La Constitución Española de 1978 como pacto social y como norma jurídica.** Madrid:INAP, 2003,p.22.

preservadora e protetora desses direitos fundamentais dado o reconhecimento da primazia da Constituição frente às leis ordinárias, importando na proibição de o legislador infraconstitucional abolir completamente os institutos centrais do Direito Privado. É bem de ver, entretanto, que era questionada a competência dos juízes para controlar a constitucionalidade das leis, o que não permitiu a concretização do princípio da supremacia da Constituição.[82]

As mudanças vertiginosas na sociedade e a necessidade do Estado em dar solução aos conflitos sociais emergentes não encontraram nos Códigos as soluções satisfatórias, dando margem ao surgimento de inúmeras leis civilistas esparsas. O Código Civil perde o seu caráter de exclusividade.

No Brasil podem ser citadas como exemplo desse fenômeno, entre outras, as seguintes leis: Lei nº 1.150/50 (efeitos civis do casamento religioso); Lei nº 4.121/62 (situação jurídica da mulher casada), Lei nº 4.504/64 (Estatuto da Terra), Lei.nº 4.591/64 (condomínios em edificações e as incorporações imobiliárias), Lei nº 5.478/68 (dos alimentos), Lei nº 6.766/79 (parcelamento do solo urbano). Cite-se ainda o regime especial de proteção ao inquilinato que já em 1934, pelo Decreto nº 24.150, preservava o fundo de comércio, e, em 1942, com o Decreto-lei nº 4.598, inaugurava um novo regime de locação residencial, com preceitos de ordem pública,"procurando restabelecer um equilíbrio já rompido pelas forças econômicas".[83]

---

[82] HESSE, Konrad. **Derecho Constitucional y Derecho Privado.** ..., *passim*.
[83] PEREIRA, Caio Mário da Silva. **Instituições de Direito Civil.** v.3, 2.ed. Rio de Janeiro-São Paulo: Forense, 1970, p.189-190.

2.3 – A *constitucionalização* do direito privado. A centralidade da pessoa humana. A aplicação direta das normas constitucionais, em especial dos direitos fundamentais, às relações privadas.

2.3.1 – A Constituição passa a ser o centro do sistema jurídico

A terceira fase, da *Constitucionalização do Direito Civil*, representa a passagem da Constituição para o centro do sistema jurídico, a partir da consideração de sua supremacia e da normatividade de suas disposições. Com efeito, a Constituição deixa de ser entendida como carta política para adquirir contornos de juridicidade.

Eduardo Garcia de Enterria explica porque durante duzentos anos prevaleceu na França e também, por sua influência, na Europa, o entendimento de que as normas constitucionais eram meramente políticas. A Revolução Francesa se baseou na simples ideia, defendida por Jean Jacques Rousseau, de que a soberania nacional, opondo-se à soberania pessoal do rei absoluto, pertencia agora à nação representada na Assembleia. Essa idéia rousseauniana da vontade geral, que outorga à *lei* o supremo valor normativo, vai resultar no entendimento de que a ordem jurídica positiva se inicia propriamente no órgão que detém o poder de elaborar a lei. Assim, nessa época,

> esse poder supremo se residencia en la Asamblea Legislativa, cuya regulación (origen, formación, organización, competências, relación con los demás poderes) es el objeto esencial de la Constitución.[...] La Asamblea, como representante del pueblo, queda investida de todos los poderes de manera absoluta, todos los que al pueblo originario

corresponden, que nada ni nadie podría condicionar.⁸⁴.

Essa ideia, de que as únicas normas jurídicas relevantes são as leis, vai vigorar até a segunda guerra mundial, a partir de quando passa a prevalecer o princípio democrático como princípio único de organização do poder. O conceito americano de Constituição, como pacto social básico resultante da vontade do povo e, por isso, qualificado como norma suprema, passa a prevalecer.

Para Eduardo Garcia de Enterría três fatores contribuíram para essa radical transformação: o primeiro, com a derrota dos regimes totalitários, o definitivo desaparecimento de qualquer alternativa ao princípio democrático puro; o segundo, a consagração definitiva da justiça constitucional que, com base no sistema americano, de superioridade da Constituição, autoriza o judiciário a controlar a conformidade da lei com a Constituição e a declarar, se for o caso, sua nulidade originária. E, o terceiro, a defesa, sem limites, do próprio sistema democrático e dos direitos fundamentais e valores constitucionais, contra as maiorias eleitorais eventuais e mutantes⁸⁵.

Passou assim a Constituição a configurar-se não só como norma jurídica, mas como "la más alta y la más fuerte de las normas jurídicas, como la norma 'suprema', según la concepción american de la *supreme law of the land.*"⁸⁶

O reconhecimento da norma constitucional como norma jurídica⁸⁷ implicou, em conseqüência, o fato de passar a lhe

---

⁸⁴ GARCIA DE ENTERRÍA, Eduardo. **La Constitución Española de 1978 como pacto social y como norma jurídica.** Madrid:INAP, 2003, p 12.

⁸⁵ GARCIA DE ENTERRÍA, Eduardo. **La Constitucion Española....** p. 23-24.
⁸⁶ Ibidem, p. 35.
⁸⁷ Norberto Bobbio (**Teoria do Ordenamento Jurídico.**trad. Maria Celeste Cordeiro Leite dos Santos, Rev.Técnica: Cláudio de Cicco. 7.ed.. Brasília: Editora Universidade de Brasília, 1996, p.27) define norma jurídica como "*norma cuja execução é garantida por uma sanção externa e institucionalizada.*"

serem atribuídas as qualidades inerentes à norma jurídica, entre as quais, a de efetividade[88]e imperatividade. A norma constitucional passa a ser obrigatória para todos, inclusive para o Poder Público. Assim, uma vez desrespeitada, pode-se recorrer ao Judiciário para se obter o seu cumprimento, direto ou indireto, de forma coativa.

Para Miguel Reale, a imperatividade é uma das características essenciais do Direito. Deve ser vista, não como o querer de um Chefe do Estado, mas antes como "expressão axiológica do 'querer social', tal como se acha consubstanciado nas valorações que as regras jurídicas consagram".[89] Para ele, a imperatividade é essencial ao mundo jurídico e resulta da objetividade inerente aos valores. Desse modo, "o Direito [...] é uma vontade permanente e constante de dar a cada um o seu direito, vontade essa que não é dos governantes mas da coletividade através de um processo axiológico de opções e preferências."[90] Após observar que existem vários tipos ou manifestações dessa imperatividade, Miguel Reale destaca que quando uma norma constitucional declara que o Brasil é uma República Federativa "o verbo *ser* traduz, na realidade, o *dever* de conformar-se nosso ordenamento ao pressuposto de

---

[88]Para Luís Roberto Barroso, "a efetividade significa [...] a realização do direito, o desempenho concreto de sua função social. Ela representa a materialização, no mundo dos fatos, dos preceitos legais e simboliza a aproximação, tão íntima quanto possível, entre o *dever-ser* normativo e o *ser* da realidade social" (**O Direito Constitucional e a efetividade de suas normas. Limites e possibilidades da Constituição Brasileira**. Rio de Janeiro:Renovar, 1990, p.77).No mesmo sentido, Ana Paula de Barcellos ensina que o elemento essencial da norma jurídica consiste na imperatividade dos efeitos propostos ."O direito não é um fim em si mesmo, mas instrumento de realização da pacificação, da justiça e de determinados valores escolhidos pela sociedade. A norma jurídica, portanto, pretende produzir algum efeito no mundo dos fatos; deseja moldar a realidade, alterá-la, modificá-la em alguma medida. Por evidente, não há necessidade de norma alguma para dizer o que já é ou o que não pode ser diferente.'(**A eficácia jurídica dos princípios constitucionais. O princípio da dignidade da pessoa humana.** Rio de Janeiro.São Paulo:Renovar, 2002, p.32).
[89] REALE, Miguel. **Lições Preliminares de Direito** .17. ed., Rio de Janeiro:Saraiva, 1990,p.129.
[90] Ibidem, p.130.

uma norma básica que consagra nossa estrutura republicana". E acrescenta: "pela mesma razão, as normas que enunciam princípios, ainda que genéricos, não são menos imperativas, porquanto elas formam o 'quadro axiológico ou finalístico', dentro do qual o aplicador do Direito deve formular os seus juízos"[91].

Joaquín Arce y Flórez-Valdés destaca que a Constituição em si reveste-se das qualificações necessárias a esse atributo normativo, seja sob ótica formal ou material. No aspecto formal, a Constituição, além de sua aprovação qualificada, emana diretamente da vontade popular; no material, as normas constitucionais reúnem as características e estrutura das normas jurídicas porque são dotadas de abstração e generalidade e também delimitam hipóteses de fato e atribuem conseqüências jurídicas, quando menos a declaração de nulidade do ato contrário à Constituição. Conclui o jurista espanhol que:

> [...] la Constitución no sólo es una norma jurídica, es también norma cualitativamente distinta y superior a las demás normas del ordenamiento, en cuanto incorpora el sistema de valores esenciales de convivencia, que ha de servir de piedra de contraste y de criterio informativo e interpretativo de todo el ordenamiento jurídico.[92]

Com efeito, esse reconhecimento pelo novo constitucionalismo da supremacia da Constituição e de sua normatividade, ao lado da consciência da unidade do sistema, resultou na imposição "aos juristas de levar em consideração

---

[91] REALE, loc.cit.
[92] Conforme GOMES-FERRER, R.:Prólogo a Bocanegra, R.; El valor de las sentencias del Tribunal Constitucional, Madrid, 1982, *apud* ARCE y FLÓRES-VALDÉS, Joaquín. .**El Derecho civil-constitucional**. Madrid:CIVITAS, p.27.

a prioridade hierárquica das normas constitucionais, sempre que se deva resolver um problema concreto"[93].

A Constituição deixa assim de ser o estatuto do poder público para converter-se, segundo Konrad Hesse, na "orden jurídico fundamental de la comunidad"[94], passando a ocupar o centro do sistema jurídico.

Esse fenômeno, de resgate dos valores para o Direito, da superação da idéia de legalidade estrita e escrita, da normatividade dos princípios e da centralidade da Constituição, em especial dos direitos fundamentais, é identificado por Luís Roberto Barroso como o pós-positivismo ou principialismo.[95]

O pós-positivismo ou principialismo, que reaproximou o Direito e a Ética, representou uma reação ao positivismo que justificou as barbaridades do nazismo na Alemanha e do fascismo na Itália. Após a Segunda Guerra Mundial, os povos civilizados não mais podiam aceitar a idéia de um ordenamento jurídico indiferente a valores éticos, de um ordenamento identificado com a rigidez da norma editada pelo Estado e aspirando à completude, sem lacunas, com instrumentos para solução de qualquer problema. O pós-positivismo, embora prestigie a lei, reconhece que o direito não se esgota nos textos legais.

---

[93] PERLINGIERI, Pietro. **Perfis do Direito Civil.** Introdução ao Direito Civil Constitucional. Trad. Maria Cristina de Cicco. 3ª ed.rev.e ampl. Rio de Janeiro:Renovar,1997, p.5.
[94] *Apud* BILBAO UBILLOS, Juan Maria. En qué medida vinculan a los particulares los derechos fundamentales? ..., p.304.
[95] As idéias a seguir expostas sobre o pós-positivismo encontram-se em BARROSO, Luís Roberto. Fundamentos teóricos e filosóficos do novo Direito Constitucional Brasileiro (Pós-modernidade, teoria crítica e pós-positivismo) e em BARROSO, Luís Roberto e BARCELLOS, Ana Paula de. O começo da História. A nova interpretação constitucional e o papel dos princípios no Direito brasileiro. *In:* BARROSO, Luís Roberto (Org.) **A nova interpretação constitucional:.ponderação, direitos fundamentais e relações privadas.** Rio de Janeiro-S. Paulo: Renovar, 2003, respectivamente, p. 1-49 e 327-378.

O pós-positivismo promove assim uma volta aos valores que, compartilhados por toda a comunidade em dado momento e lugar, materializam-se em princípios que passam a integrar, explícita ou implicitamente, sua Lei Maior, a Constituição.

O fato de os princípios estarem inseridos na Constituição, instrumento hierarquicamente superior às demais normas, atribui aos princípios as seguinte funções, além da de condensar valores: a) dar unidade e harmonia ao sistema: "os princípios e os valores constitucionais devem-se estender a todas as normas do ordenamento, sob pena de se admitir a concepção de um '*mondo in frammenti*', logicamente incompatível com a idéias de sistema unitário"[96]; b) servir de guia para o intérprete que, diante de um caso concreto, deverá identificar o princípio a ele aplicável.

O Tribunal Constitucional Alemão, conforme Konrad Hesse, identificou nos direitos fundamentais – principal fonte de princípios e valores existenciais - além da função de proteção frente aos poderes públicos, uma ordem objetiva de valores. Este sistema de valores deve reger todos os âmbitos do direito, inclusive o Direito Civil, sendo decisivos tanto para a atividade do legislador quanto para as instâncias aplicadoras do direito. Segundo Konrad Hesse, para o Tribunal,

> "Todos ellos deben tener en cuenta tal influencia de los derechos fundamentales en la creación, interpretación y aplicación de las normas jurídicas. Si no cumplen con esta tarea, su decisión infringe los derechos fundamentales y puede ser anulada por el Tribunal Constitucional."[97]

Igualmente ensina Pietro Perlingieri que toda norma deve ser reconduzida aos valores constitucionais[98]. Para ele, "

---

[96] MORAES, Maria Celina Bodin de. A caminho de um Direito Civil-Constitucional . *In:* **Revista de Direito Civil,** v. 65 , p. 23 e ss.
[97] HESSE, Konrad. **Derecho Constitucional y Derecho Privado.**Trad. e introd.Ignacio Gutiérrez Gutiérrez. Madrid:Editorial Civitas, 1995, p. 58.
[98] PERLINGIERI, Pietro. **Perfis do Direito Civil.** ...,p. 74.

'entender' a norma não é, não pode ser, o resultado da exegese puramente literal, mas a individuação da sua lógica e da sua justificação axiológica; e isso é impossível sem levar em conta o resto do ordenamento e dos princípios que o suportam"[99].

A centralidade da Constituição no sistema jurídico, que passa a ser também a lei fundamental do direito privado, obriga a que o Direito Civil, assim como qualquer outro ramo do Direito, seja lido e interpretado à luz dos princípios e valores nela consagrados.

O entendimento da centralidade da constituição no ordenamento jurídico, de que os princípios são normas jurídicas e ainda o de que o intérprete da norma infraconstitucional deve, nessa atividade, guiar-se pelos princípios constitucionais serão fundamentais para a apreciação do conteúdo e limites da função social do contrato e da empresa, que serão analisados nos capítulos III e IV.

Dessa ampla influência do Direito Constitucional sobre o Direito Privado, emergiram duas questões intensamente debatidas pela doutrina nacional e internacional: o da centralidade do princípio da dignidade da pessoa humana e o da possibilidade da aplicação dos direitos fundamentais às relações privadas[100].

2.3.2 – A posição nuclear do princípio da dignidade da pessoa humana

O primado da Constituição, da qual resultou, como dito, uma visão constitucionalizada do Direito Privado, implicou a necessidade de dar efetividade ao princípio da dignidade humana que, previsto no inciso III do art. 1º da Constituição Federal de 1988, como fundamento da Republica, assume, assim, posição nuclear no ordenamento jurídico.

---

[99] Ibidem., p. 79.
[100] BARROSO, Luís Roberto. O novo direito constitucional e a constitucionalização do direito. *In:* **Temas de Direito Constitucional**. Tomo III. Rio de Janeiro: Renovar, 2005, p. 512.

Seguiu assim a Constituição brasileira os passos da Constituição italiana de 1947, da Lei Fundamental de Bonn de 1949, da Constituição portuguesa de 1976 e da Constituição espanhola de 1978, nas quais o respeito à dignidade da pessoa humana tornou-se um comando jurídico.[101]

Eugênio Facchini Netto observa que a primazia desse princípio implica uma evolução no sentido da despatrimonialização do direito civil, dando-se prevalência aos valores existenciais sobre os patrimoniais[102].

Para Paulo Luiz Netto Lobo "o desafio que se coloca aos civilistas é a capacidade de ver as pessoas em toda a sua dimensão ontológica e, através dela, seu patrimônio [...] A restauração da primazia da pessoa humana, nas relações civis, é a condição primeira de adequação do direito à realidade e aos fundamentos constitucionais."[103]

No Estado Liberal, a pessoa humana era concebida a partir de perspectiva individualista, abstrata, a quem o Estado devia assegurar liberdade e autonomia. Não cabia ao Estado garantir condições reais de subsistência para o homem exercer de fato a liberdade que lhe era franqueada. Hoje, o ser humano é considerado um valor em si mesmo, superior ao Estado e a qualquer coletividade à qual se integre. É um ser real, palpável, histórica e geograficamente situado, que

---

[101] MORAES, Maria Celina Bodin de .O conceito de dignidade humana:substrato axiológico e conteúdo normativo. *In: In:* SARLET, Ingo Wolfgang (Org.). **Constituição, Direitos Fundamentais e Direito Privado.** Porto Alegre:Livraria do Advogado, 2003, p. 114-115.
[102] FACCHINI NETO, Eugênio. Reflexões histórico-evolutivas sobre a constitucionalização do direito privado...., p.54, registrando que "Nesse viés, o direito privado passa a proteger de forma intensa as crianças e os adolescentes (ECA), os consumidores(CDC), os não-proprietários (Lei de locações, legislação sobre arrendamento rural e parcerias agrárias)[...]."
[103] LÔBO, Paulo Luiz Netto. Constitucionalização do Direito Civil. *In* FIUZA, César e outros(Coord.) **Direito Civil .Atualidades.** Belo Horizonte: Del Rey, 2003, p.206.

partilha valores e tradições com seus semelhantes e que tem necessidades reais que devem ser atendidas.[104]

Para Daniel Sarmento, a despeito do caráter compromissório da Constituição, é o princípio da dignidade da pessoa humana que confere unidade de sentido e valor ao sistema constitucional, que repousa na ideia de respeito irrestrito ao ser humano – razão última do Direito e do Estado. O autor busca fundamento para o princípio em Immanuel Kant, para quem o homem deve sempre ser tratado como um fim em si mesmo e nunca como um meio. Assim, o ser humano precede o Direito e o Estado, que apenas se justificam em razão dele. [105].

A absoluta prioridade concedida à pessoa humana pela Carta de 1988 impõe ao intérprete do Direito uma redefinição de ordem pública e uma releitura do Direito infraconstitucional, como bem elucida o Professor Gustavo Tepedino:

> Trata-se, em uma palavra, de estabelecer novos parâmetros para a definição de ordem pública, relendo o direito civil à luz da Constituição, de maneira a privilegiar, insista-se ainda uma vez, os valores não-patrimoniais e, em particular, a dignidade da pessoa humana, o desenvolvimento da sua personalidade, os direitos sociais e a justiça distributiva, para cujo atendimento deve-se voltar a iniciativa econômica privada e as situações jurídicas patrimoniais[106].

Esse pensamento prevalentemente humanista imposto pela Constituição de 1988 deverá ser especialmente considerado na análise da função social do acordo de acionistas de

---

[104] SARMENTO, Daniel. **A ponderação de interesses na Constituição.** Rio de Janeiro:Renovar, 2000 p.60.
[105] SARMENTO, loc.cit.
[106] TEPEDINO, Gustavo.Premissas Metodológicas para a Constitucionalização do Direito Civil.*In:* **Temas de Direito Civil.** Rio de Janeiro:Renovar, 1999, p.22.

comando e da função social da empresa, em especial de casos concretos trazidos à discussão, tendo em vista a finalidade intrínseca das companhias de unidades produtoras de lucros para seus acionistas *vis-à-vis* os outros interesses que giram em torno da empresa.

2.3.3 – A possibilidade de aplicação dos princípios constitucionais, em especial dos direitos fundamentais, às relações privadas

Juan Maria Bilbao Ubillos observa que há um amplo acordo no sentido de que os direitos fundamentais hão de ter algum tipo de vigência social, ou seja, de aplicação às relações intersubjetivas.[107]

Konrad Hesse destaca as críticas feitas a tal posicionamento, como, por exemplo: a) o comprometimento da clareza e certeza jurídicas necessárias às negociações privadas, em razão da amplitude e indeterminação dos princípios constitucionais; b) o fato de ambas as partes nas relações privadas serem titulares de direitos fundamentais, o que implica a tarefa mais complexa de ponderar os interesses em conflito do que a de solucionar conflitos com as regras claras e definidas do Direito Privado; e c) a possibilidade de afastamento da autonomia privada. Entretanto, sobre tais questões, manifesta-se no sentido de que "no habrá retorno; ni siquiera será deseable, porque con él se negaria un logro significativo del Estado de Derecho."[108]

A discussão se verifica quanto ao modo e à intensidade em que ocorre a aplicação dos direitos fundamentais às relações privadas.

Questiona-se, nesse sentido, se as normas constitucionais podem ser aplicadas diretamente às relações de direito civil ou se, ao contrário, a sua aplicação a essas relações dependeria da concomitante existência de norma ordinária,

---

[107] BILBAO UBILLOS, Juan Maria. En qué medida vinculan a los particulares los derechos fundamentales?..., p.308.
[108] HESSE, Konrad. **Derecho Constitucional y Derecho Privado**... p. 62.

de tal modo que, a falta dessa norma em relação a determinado caso concreto, a normativa constitucional não poderia ser aplicada sozinha. Tais questões relacionam-se com a de saber a quem compete principalmente a defesa dos direitos individuais: ao Poder Legislativo ou ao Poder Judiciário?

Trata-se no primeiro caso da teoria da aplicabilidade indireta ou mediata das normas constitucionais e, no segundo caso, da teoria da aplicabilidade direta ou imediata das normas constitucionais[109].

2.3.3.1 – A teoria da eficácia indireta ou mediata das normas constitucionais

Essa é a teoria prevalecente na doutrina e jurisprudência alemãs. Nesse aspecto, foi grande a influência do Tribunal Constitucional alemão que, apesar de reconhecer nos direitos fundamentais uma ordem objetiva de valores que deve valer para todas as áreas do Direito, como acima exposto, prosseguia vinculado a idéia liberalista de que os direitos individuais asseguravam proteção do indivíduo em face do Poder Público, eis que, no seu entender, apenas o Estado seria o destinatário dos direitos fundamentais. Por essa teoria, a Constituição não investe os cidadãos em direitos subjetivos privados.

Nessa linha, Konrad Hesse e Claus-Wilhelm Canaris entendem que os direitos fundamentais apenas mediatamente produzem efeitos nas relações privadas.

Segundo Konrad Hesse, é ao Poder Legislativo que cabe a tarefa de editar o direito civil, que ele considera como o " 'médio' por el que debe desplegar-se el contenido jurídico de los derechos fundamentales en el Derecho Privado". Embora

---

[109] Sobre ampla análise dessas teorias, inclusive no Direito Comparado, ver SARMENTO, Daniel. Vinculação dos particulares aos direitos fundamentais no Direito Comparado e no Brasil *In:* BARROSO, Luís Roberto (Org.) **A nova interpretação constitucional: ponderação, direitos fundamentais e relações privadas.** Rio de Janeiro-São Paulo: Renovar, 2003, p. 193-284.

o autor admita que não pode o legislador renunciar a conceitos indeterminados e a cláusulas gerais, entende que uma lei materialmente diferenciadora, que concretize os pressupostos e os efeitos da influência dos direitos fundamentais, conduz a uma maior claridade, certeza e previsibilidade jurídicas do que um recurso direto aos direitos fundamentais.[110]

Para Claus-Wilhelm Canaris a intermediação das cláusulas gerais civilistas, como por exemplo a dos bons costumes e a da boa-fé, revela-se necessária "sobretudo porque a sua aplicação constitui a possibilidade mais simples de uma interpretação em conformidade com a Constituição."[111]

Portanto, para os defensores da teoria mediata ou indireta cabe antes de tudo ao Poder Legislativo "a tarefa de mediar a aplicação dos direitos fundamentais sobre os particulares, estabelecendo uma disciplina das relações privadas que se revele compatível com os valores constitucionais."[112]

Segundo essa teoria, caberia ao Poder Judiciário, por imperativo constitucional, levar em consideração os direitos fundamentais na hora de aplicar o direito. Os juízes e tribunais vão encher de conteúdo as cláusulas gerais e os conceitos jurídicos indeterminados típicos do direito comum, ou seja cláusulas e conceitos que o legislador introduz conscientemente para ampliar as margens de apreciação judicial.[113] Caberia ainda ao Poder Judiciário o papel de

---

[110] HESSE, Konrad. **Derecho Constitucional y Derecho Privado**...p. 63.
[111] CANARIS, Claus-Wihelm. A influência dos direitos fundamentais sobre o direito privado na Alemanha. Tradução de Peter Naumann. *In:* SARLET, Ingo Wolfgang (Org.). **Constituição, Direitos Fundamentais e Direito Privado.** Porto Alegre:Livraria do Advogado, 2003, p 241.
[112] SARMENTO, Daniel. Vinculação dos Particulares aos Direitos fundamentais no Direito Comparado e no Brasil *In:* BARROSO, Luís Roberto (Org.) **A nova interpretação constitucional: ponderação, direitos fundamentais e relações privadas.** Rio de Janeiro-São Paulo: Renovar, 2003, p. 213.
[113] BILBAO UBILLOS, Juan Maria. En qué medida vinculan a los particulares...p.313/314

rejeitar a aplicação de uma lei quando essa contrariasse os valores constitucionais.

Ademais, para possibilitar a qualquer pessoa que tenha um direito fundamental violado valer-se do recurso constitucional, desenvolveu-se, na Alemanha, o entendimento de que o Poder Judiciário, como poder público, seria o responsável por essa violação, ao resolver um conflito privado sem levar em consideração a irradiação dos direitos fundamentais sobre o direito privado[114]. Assim, uma decisão do tribunal cível de última instância, considerada violadora de direito fundamental, ainda que proferida em processo entre particulares, ensejará recurso ao Tribunal Constitucional Federal, ficando desse modo preservado o entendimento de que apenas o Estado é o destinatário dos direitos fundamentais.

Juan Maria Bilbao Ubillos afirma não entender porque tamanha fidelidade a esta concepção que teve seu sentido em determinada época mas que hoje se encontra totalmente anacrônica. Para ele, é radical a historicidade dos direitos fundamentais que sofrem profundas transformações em razão das mudanças da realidade social e política em que se inserem[115]. Para o jurista espanhol, citando A.Pace, os direitos fundamentais devem ser reconhecidos e valorados por si mesmos, possuindo eficácia geral e absoluta contra qualquer interferência indevida, e não apenas diante do Estado. Em suas palavras:

> la razón del reconocimiento de los derechos de libertad no está en la abstención o autolimitación del Estado, sino en la valoración favorable que merece el interes individual en ejercer todas aquellas facultades que constituyen el contenido de los mismos;

---

[114]SARMENTO, Daniel. A vinculação dos particulares aos direitos fundamentais no Direito comparado e no Brasil ..., p. 214.
[115] BILBAO UBILLOS, Juan Maria. En qué medida vinculan a los particulares..., p.300.

de ahí que posean eficacia general, absoluta, siempre que su estructura lo permita y que puedan reaccionar sus titulares contra cualquier interferência ilícita.[116]

Juan Maria Bilbao Ubillos observa que, tal como na relação Estado/indivíduo, pode haver relação de poder, de autoridade, nas situações entre sujeitos privados. A realidade evidencia a não existência de igualdade substancial em boa parte das relações jurídicas, a progressiva multiplicação de centros de poder privados. Segundo o autor, "el fenómeno del poder como expresión de una situación de desigualdad es indisociable de las relaciones humanas, es inherente a toda organización social"[117].

O jurista espanhol, considerando que a ameaça do poder público sobre o indivíduo é um aspecto particular de um fenômeno mais geral, qual seja, "la amenaza que el fuerte hace pesar sobre la libertad del débil", conclui que os direitos fundamentais devem proteger-se, portanto, frente ao poder, sem adjetivos, seja ele qual for, público ou privado, não havendo qualquer razão para se pensar que o problema de fundo se altera em função de qual seja a origem da agressão.[118]

A teoria da eficácia mediata é criticada por Bilbao Ubillos. Para ele, se os direitos fundamentais informariam a prática judicial como simples critérios interpretativos, o autor não vê qualquer diferença, na prática, entre a teoria da eficácia mediata através do juiz e o princípio geral de interpretação de todas as normas do ordenamento conforme a Constituição. Para ele, essa teoria nega a aplicação dos direitos fundamentais às relações privadas, uma vez que o que se aplica como regra de decisão do litígio seria a cláusula geral do Direito privado. "Las partes sólo puden haver valer los

---

[116] Ibidem, p. 301.
[117] BILBAO UBILLOS, loc.cit.
[118] Ibidem, p.303.

derechos e intereses que les reconocen las leyes civiles o laborales."[119]

2.3.3.2 – A teoria da aplicação imediata ou direta das normas constitucionais

Segundo Daniel Sarmento, essa teoria é majoritária na Espanha, Portugal, Itália e Argentina.[120]

Por essa teoria, as normas constitucionais podem sozinhas, quando não existirem normas ordinárias para disciplinar a espécie, ser a fonte normativa de uma relação jurídica de Direito Privado. Também aplicar-se-ia a norma constitucional diretamente, quando a norma ordinária revelar-se injusta no caso concreto ou dever ser afastada por discordância com os valores constitucionais. A Constituição gera para o particular direito subjetivo oponível tanto ao Estado como a outro particular.

Adepto da teoria da aplicação direta, Pietro Perlingieri argumenta, com toda pertinência, que, se a Constituição, em razão da maior complexidade para sua alteração (Constituição rígida) se situa no ápice do ordenamento jurídico, e se suas disposições, sejam regras ou princípios, são normas jurídicas, e, portanto, eficazes, não existe qualquer razão lógica que justifique a sua não aplicação direta. Para ele, "esta é a única solução possível, se se reconhece a preeminência das normas constitucionais – e dos valores por elas expressos – em um ordenamento unitário, caracterizado por tais conteúdos."[121]

Juan Maria Bilbao Ubillos conclui, com propriedade, que se o direito fundamental dependesse do legislador para ser aplicado assim não poderia ser qualificado. Segundo ele:

---

[119] BILBAO UBILLOS, Juan Maria. En qué medida vinculan a los particulares...p.315
[120] SARMENTO, Daniel. A vinculação dos particulares aos direitos fundamentais no Direito ...p. 236.
[121] PERLINGIERI, Pietro. **Perfis do direito civil.** ...,p.11.

> Un derecho cuyo reconocimiento, cuya existencia, depende del legislador, no es un derecho fundamental. Es un derecho de rango legal, simplemente. El derecho fundamental se define justamente por la indisponibilidad de su contenido por el legislador. No parece compatible con esa caracterización la afirmación de que los derechos fundamentales sólo operan (frente a particulares) cuando el legislador así lo decide. De ahí que el termino eficácia mediata nos parezca equívoco[122].

A aplicação imediata e direta das normas constitucionais às relações privadas não significa negar ou subestimar o efeito da irradiação desses direitos através de lei. Ensina esse autor que

> Ambas modalidades son perfectamente compatibles; lo normal (y lo más conveniente también) es que sea el legislador el que concrete el alcance de los diferentes derechos en las relaciones de Derecho privado, pero cuando esa mediación no existe, en ausencia de ley, las normas constitucionales pueden aplicarse directamente.[123]

A jurista portuguesa Ana Prata, ao defender a tese da eficácia imediata, argumenta que se a Constituição portuguesa se assenta na concepção substancial de igualdade e de liberdade e se preocupa com eliminação da opressão do homem pelo homem, não teria sentido rejeitar a eficácia horizontal direta dos direitos fundamentais em nome da autonomia privada, daí porque, independentemente de lei, os particulares têm de respeitar os direitos constitucionalmente garantidos.[124]

---

[122] BILBAO UBILLOS, Juan Maria. En qué medida vinculan a los particulares ..., p.313.
[123] Ibidem, p.317
[124] *Apud* SARMENTO, Daniel. A vinculação dos particulares aos direitos fundamentais no Direito ..., p. 229.

No Brasil, Luís Roberto Barroso defende a efetividade máxima da Constituição. Para ele,

> o intérprete Constitucional deve ter compromisso com a efetividade da Constituição: entre interpretações alternativas e plausíveis, deverá prestigiar aquela que permita a atuação da vontade Constitucional, evitando, no limite do possível, soluções que se refugiem no argumento da não auto-aplicabilidade da norma ou na ocorrência de omissão do legislador.[125]

Daniel Sarmento se posiciona a favor da aplicação direta e imediata das normas constitucionais como decorrência lógica da fundamentalidade do princípio da dignidade da pessoa humana, sob pena de restar incompleta a proteção desse princípio. Segundo o autor:

> De fato, sendo os direitos fundamentais concretizações ou exteriorizações daquele princípio, é preciso expandir para todas as esferas da vida humana a incidência dos mesmos, pois, do contrário, a proteção à dignidade da pessoa humana – principal objetivo de uma ordem constitucional democrática – permaneceria incompleta. Condicionar a garantia da dignidade do ser humano nas suas relações privadas à vontade do legislador, ou limitar o alcance das concretizações daquele princípio à interpretação das cláusulas gerais e conceitos jurídicos indeterminados do Direito Privado, significa abrir espaço para que, diante da omissão do poder legislativo, ou da ausência de cláusulas gerais apropriadas, fique

---

[125] BARROSO, Luís Roberto. **Interpretação e aplicação da Constituição.** 6.ed. rev., atual. e ampl. Rio de Janeiro:Saraiva, 2004, p.374.

irremediavelmente comprometida uma proteção que, de acordo com a axiologia constitucional, deveria ser completa e cabal.[126]

Outros respeitados juristas nacionais, como Ingo Wolfgang Sarlet, Carlos Roberto de Siqueira Castro, Gustavo Tepedino[127] e Maria Celina Bodin de Moraes[128] também defendem a aplicação direta das normas constitucionais, "como instrumento de humanização e solidarização do Direito Civil".

Assim, segundo essa teoria, não havendo lei que represente a opção do legislador, isto é, a opção que reverencie o princípio democrático e por isso deva ser privilegiada, pode-se aplicar diretamente a norma constitucional.

Além da hipótese de ausência de lei, há também os que defendem a aplicação direta da Constituição quando a lei em causa contrariar princípios constitucionais ou, diante das peculiaridades do caso concreto, a sua aplicação se revelar injusta.

Neste aspecto, ainda tendo como fundamento maior o princípio da supremacia da Constituição, citem-se as pertinentes lições de Daniel Sarmento:

> [...] ao aplicar qualquer norma infraconstitucional a casos concretos, inclusive no campo das relações entre particulares, o Judiciário deve mirar os valores constitucionais, que têm no sistema de direitos fundamentais o seu eixo central, e no princípio da dignidade da pessoa humana o

---

[126] SARMENTO, Daniel. A vinculação dos particulares aos direitos fundamentais no Direito..., p.255.
[127] Conforme citados por Daniel Sarmento. *In* A vinculação dos particulares aos direitos fundamentais no Direito ..., p.257 e 258.
[128] MORAES, Maria Celina Bodin de. A constitucionalização do Direito Civil. *In* **Revista Brasileira de Direito Comparado.** Rio de Janeiro: Instituto de Direito Comparado Luso-Brasileiro, 1999, p.76 a 89.

seu vértice. Caso não seja possível aplicar a norma ordinária existente em conformidade com os direitos fundamentais, deve o órgão jurisdicional exercer o controle incidental de constitucionalidade para afastar o preceito viciado da resolução da questão, e, diante de eventual ausência de norma, solucionar o litígio através da invocação direta da Constituição. De resto, esta obrigação deriva do próprio princípio da supremacia da Constituição e da vinculação do Judiciário, como órgão estatal, aos direitos fundamentais nela positivados.[129]

No mesmo sentido posiciona-se Maria Celina Bodin de Moraes, que também corrobora o entendimento de que não mais se pode admitir que a legalidade estrita prevaleça sobre a justiça do caso concreto. A lei há de ser afastada sempre que, diante do caso concreto, sua aplicação se revele injusta, contrariando os princípios e valores consagrados na Constituição pátria. Em suas palavras:

> Se o Estado de Direito, iluminista e racional, se mostrou insuficiente para proteger a coletividade frente ao totalitarismo mais abjeto, tornou-se necessário abandonar a legalidade, em sentido estrito, permissiva de arbitrariedades e ditaduras, em direção a opções mais seguras nas quais os princípios da democracia, liberdade e solidariedade não possam jamais ser ignorados.Tais princípios, que consubstanciam valores, tomam o lugar das normas jurídicas quando estas se mostram arbitrárias ou injustas, modificando-as para que reflitam o valor sobre o qual se funda, na atualidade, grande parte dos ordenamentos jurídicos, isto é, o valor da dignidade da

---

[129]SARMENTO, Daniel. A vinculação dos particulares aos direitos fundamentais no Direito...,p. 266.

pessoa humana. O Direito Civil, hoje, encontra-se tomado por tal valor, nele se encerrando o foco da renovação de seus principais institutos e conceitos.[130]

Pela solidez e coerência dos argumentos acima expostos e o fato de melhor representar a defesa dos diretos fundamentais, principalmente numa sociedade socialmente injusta como a brasileira, entende-se que não há como recusar a aplicação direta e imediata das normas constitucionais às relações privadas, postura que se adotará na proposta de solução de casos que serão abordados no capítulo IV desta dissertação.

2.3.4 – As críticas à teoria da aplicação direta e imediata das normas constitucionais

A supremacia e o caráter normativo das normas constitucionais conduzem, como já exposto, ao reconhecimento da prevalência da teoria da aplicação direta e imediata das normas constitucionais. O entendimento de que os direitos fundamentais só podem ingressar no Direito Privado através das cláusulas gerais "resulta em evidente comprometimento da força normativa da Constituição"[131], impedindo a total expansão da tutela da pessoa humana objetivada no inciso III do art. 1º da Lei Maior. Entretanto, ainda persistem as críticas a essa teoria, sendo as mais comuns as seguintes: i) gera insegurança jurídica; ii) outorga excessivo poderes ao juiz, violando o princípio da separação dos poderes; e iii) compromete o princípio da autonomia privada.

---

[130] MORAES, Maria Celina Bodin de. **Danos à pessoa humana**: uma leitura civil-constitucional dos danos morais. Rio de Janeiro:Renovar, 2003, p 67
[131] PEREIRA, Jane Reis Gonçalves. Apontamentos sobre a aplicação das normas de direito fundamental nas relações jurídicas entre particulares.*In:* BARROSO, Luís Roberto (Org.) **A nova interpretação constitucional: ponderação, direitos fundamentais e relações privadas.** Rio de Janeiro-São Paulo: Renovar, 2003, p. 183.

O argumento da insegurança encontraria respaldo no fato de que os princípios constitucionais, de conteúdo aberto e abstrato, outorgariam ao intérprete uma subjetividade e amplitude maior em sua decisão do que a aplicação da norma civilista, sempre mais definida e específica. Tal fato, segundo os críticos, conduziria ao arbítrio da decisão judicial.

Não há dúvida de que o valor da segurança jurídica é um valor protegido pelo ordenamento, cuja realização constitui também um dos objetivos do Estado Democrático de Direito. Mas não é absoluto. A seu lado, igualmente protegido, acha-se o valor da justiça material, a justiça do caso concreto.

Uma característica da sociedade contemporânea, além da sua complexidade e pluralismo, é a rapidez e o dinamismo das transformações. Nada é mais definitivo. A realidade é bem diferente daquela da modernidade. Não se pode mais entender que o Direito possa prever todas as situações concretas possíveis e, para cada uma delas, apresentar uma solução normativa. A imprevisibilidade é uma tônica do mundo atual. Desse modo, a existência das cláusulas gerais e dos conceitos jurídicos indeterminados entre as normas privadas – como fez o novo Código Civil brasileiro, ao tratar, por exemplo, da boa fé-objetiva (art. 422), da função econômica e social dos atos jurídicos (arts. 187 e 421) - é inevitável. Bem observa Francisco Amaral, citando Castanheira Neves, que o que está em crise não é a realidade e sim "o pensamento jurídico próprio do 'sistematismo dogmático-conceitual próprio do normativismo moderno e continuado no positivismo legalista do séc. XIX' "[132].

Ora, se as cláusulas gerais e os conceitos jurídicos indeterminados contêm a mesma abstração e abertura dos princípios constitucionais, à toda evidência a sua simples

---

[132] NEVES, Castanheira. **Metodologia Jurídica.** Coimbra:Coimbra Editora., 1993,p.25 *apud* AMARAL, FRANCISCO. O Direito Civil na pós-modernidade. *In* FIUZA, César; SÁ, Maria de Fátima Freire de; NAVES, Bruno Torquato de Oliveira. (Coords.). **Direito Civil. Atualidades.** Belo Horizonte: Del Rey, 2003, p. 74.

existência – tal como demandada pelos adeptos da teoria mediata - não garantiria a almejada segurança jurídica.

"Ademais, ainda que se possa falar em alguma perda da segurança [...] ao lado ou até acima dela está a justiça"[133]. A aplicação direta dos princípios constitucionais às situações jurídicas, independentemente da existência de norma ordinária ou até mesmo pelo seu afastamento em determinadas situações, permite a solução mais justa do caso concreto, pela adequada consideração e valoração axiológica de seus aspectos particulares. Perde-se em segurança jurídica, ganha-se na justiça do caso concreto.

O argumento de que a teoria imediata implicaria a substituição do legislador democrático pelo juiz na atribuição constitucional de regular as situações sociais, com violação do princípio da separação dos poderes, também não cabe prosperar.

Com efeito, de há muito se reconhece que a função jurisdicional deixou de ser entendida como de mera aplicação da lei. Até mesmo Hans Kelsen concluiu que o ato de decidir envolve um ato de escolha. No último capítulo de sua obra Teoria Pura do Direito, o autor, ao desenvolver o tema da interpretação da norma jurídica, conclui que a necessidade de uma interpretação resulta justamente do fato de a norma a aplicar deixar sempre várias possibilidades em aberto, cuja escolha cabe ao órgão aplicador do Direito. Por essa razão, para ele, essa interpretação envolve sempre um ato de conhecimento combinado com um ato de vontade[134]. Ao se admitir que aplicar é também criar o direito, a conclusão seria no sentido da superação do princípio da divisão dos poderes, pelo menos, tal como concebido pelo Estado liberal moderno.

---

[133] SARMENTO, Daniel. A vinculação dos particulares aos direitos fundamentais no Direito Comparado e no Brasil..., p. 253.
[134] KELSEN, Hans. **Teoria Pura do Direito.** Trad. Dr. João Baptista Machado. 4. ed. Coimbra: Armênio Amado Editor, Sucessor, 1976.

Neste passo, cabe mencionar, por inteiramente aplicáveis, os argumentos contrários à ocorrência da violação do princípio democrático da separação de poderes, relacionados, com clareza de visão, por Luís Roberto Barroso em defesa da legitimidade do controle da constitucionalidade das leis exercido pelo Poder Judiciário, "função na qual o juízo feito pelos tribunais acerca de uma lei sobrepõe-se ao do legislador."[135]

O constitucionalista, após observar ser "clara a insuficiência da teoria da separação dos poderes, assim como inelutável a superação do modelo de democracia puramente representativa"[136], apresenta os seguintes argumentos, em resumo: i) a ampliação da ação do Judiciário corresponde à busca de um novo equilíbrio com os outros poderes, cujas funções se expandiram no Estado moderno; ii) "a jurisdição constitucional é um instrumento valioso do *déficit* de legitimidade dos órgãos eletivos"[137]; iii) o Judiciário desempenha um papel insubstituível na tutela e efetivação dos direitos fundamentais; e iv) a jurisdição deve assegurar o exercício e desenvolvimento dos procedimentos democráticos, inclusive a participação adequada das minorias no processo decisório.

Vale a pena transcrever suas decisivas conclusões:

> A democracia não se assenta apenas no princípio majoritário, mas também na realização de valores substantivos, na concretização dos direitos fundamentais e na observância de procedimento que assegurem

---

[135] BARROSO, Luís Roberto. **O controle de constitucionalidade no direito brasileiro.** Rio de Janeiro: Saraiva, 2004, p. 52.
[136] Ibidem, p. 55.
[137] Luís Roberto Barroso aponta como *déficit* de legitimidade dos órgãos eletivos o fato de sua composição e atuação ser "muitas vezes desvirtuadas por fatores como o abuso do poder econômico, o uso da máquina administrativa, a manipulação dos meios de comunicação, os grupos de interesse e de pressão, além do sombrio culto pós-moderno à imagem sem conteúdo", em sua obra **O controle de constitucionalidade ...**, p. 56.

> a participação livre e igualitária de todas as pessoas nos processos decisórios. A tutela desses valores, direitos e procedimentos é o fundamento de legitimidade da jurisdição constitucional. Por outro lado, o longevo princípio da separação de Poderes convive, inexoravelmente, com novas realidades, às quais precisa adaptar-se. Dentre elas, a de que a interpretação judicial [...] freqüentemente envolverá, além de um ato de conhecimento, um ato de vontade por parte do intérprete. Tal vontade, todavia, não deve ser tida como livre ou discricionária, mas subordinada aos princípios que regem o sistema constitucional, às circunstâncias do caso concreto, ao dever de fundamentação racional e ao debate público.[138]

Por fim, o argumento do afastamento do princípio da autonomia da vontade é também fortemente objetado por parte dos defensores da aplicação direta e imediata dos direitos fundamentais às relações particulares.

Em primeiro lugar porque reconhecem[139] que a autonomia privada é também um valor protegido pelo ordenamento. Mas, que como todos os outros, não é absoluto. Considerando que nas relações jurídicas privadas, ambas as partes são titulares de direitos fundamentais, ao direito fundamental da autonomia privada pode-se contrapor outro direito fundamental igualmente protegido. A apreciação de cada caso e suas particularidades é que indicarão qual o direito fundamental que deve prevalecer, resultando, portanto, numa proteção diferenciada.

---

[138] BARROSO, Luís Roberto.**O controle de constitucionalidade**...,p. 57..
[139] Daniel Sarmento cita Bilbao Ubillos e Quadra Salcedo, na Espanha e José João Nunes Abrantes e Cristina Queiroz em Portugal, em seu artigo, A vinculação dos particulares aos direitos fundamentais no Direito comparado e no Brasil ..., p. 193-284.

Mas, até mesmo Konrad Hesse – defensor da teoria da aplicação mediata - adverte que a preponderância do princípio da autonomia privada pressupõe uma situação jurídica e fática aproximadamente igual de todos os interessados (igualdade substancial e não a igualdade formal do séc. XIX). À sua falta, a autonomia privada de um conduz à falta de liberdade do outro, fazendo desaparecer todo o fundamento.[140]

A ponderação entre a liberdade (autonomia da vontade) e a solidariedade (que decorre dos princípios constitucionais de solidariedade social e dignidade humana) é bem situada por Maria Celina Bodin de Moraes como uma relação de complementariedade, em decorrência da dimensão atribuída pelo atual ordenamento ao princípio da dignidade da pessoa humana. Em suas palavras:

> É, com efeito, este o princípio ético jurídico capaz de atribuir unidade valorativa e sistemática ao direito civil, ao contemplar espaços de liberdade no respeito à solidariedade social. Tal é, justamente, a medida de aplicação do princípio da dignidade da pessoa humana: a ponderação, a ser feita em cada caso, entre liberdade e solidariedade, termos que, *stricto sensu* são considerados contrapostos. De fato, a imposição de solidariedade, se excessiva, anula a liberdade; a liberdade desmedida é incompatível com a solidariedade. Todavia, quando ponderados, seus conteúdos se tornam complementares: regulamenta-se a liberdade em prol da solidariedade social, isto é, da relação de cada um com o interesse geral, o que reduzindo a desigualdade, possibilita o livre

---

[140] HESSE, Konrad. **Derecho Constitucional y Derecho Privado**...., p. 70 e ss.

desenvolvimento da personalidade de cada um dos membros da comunidade[141].

Jane Reis Gonçalves Pereira igualmente não aceita o argumento do aniquilamento da autonomia privada, apresentando uma precisa visão da questão. Para ela, se se considera a tutela da autonomia da vontade como obstáculo à incidência imediata de outros direitos fundamentais às relações privadas, o que se teria na verdade seria "uma regra abstrata de preferência em favor daquela". Ou seja, a questão não diria propriamente respeito à proteção da autonomia da vontade mas sim à sua preponderância em face dos demais direitos fundamentais. Desse modo, quando se admite a citada incidência imediata dos direitos fundamentais "a autonomia não é amesquinhada, e sim colocada no mesmo plano dos demais bens jurídicos fundamentais"[142].

Por fim, Daniel Sarmento, após afirmar não existir nada na Constituição brasileira que autorize o entendimento de que os direitos fundamentais vinculariam diretamente apenas os poderes públicos, acrescenta em defesa da teoria da aplicação imediata "um dado fático relevantíssimo": a desigualdade social, a injustiça social, a assimetria vigente na sociedade brasileira, que justificam "um reforço na tutela dos direitos humanos no campo privado", impondo "ao jurista com consciência social a adoção de posições comprometidas com a mudança do *status quo*." [143]

A teoria da incidência imediata dos direitos fundamentais às relações particulares dá origem a uma técnica especial de interpretação jurídica: a ponderação, de que se tratará a seguir.

---

[141] MORAES, Maria Celina Bodin de. Constituição e Direito Civil: Tendências. **Revista dos Tribunais.** São Paulo: Revista dos Tribunais, n. 779, 2000, p.59.
[142] PEREIRA, Jane Reis Gonçalves. Apontamentos sobre a aplicação das normas de direito fundamental nas..., p. 181.
[143] SARMENTO, Daniel. A vinculação dos particulares aos direitos fundamentais no Direito ..., p. 247-248.

2.4 – A nova interpretação constitucional. A diferença entre princípios e regras. A ponderação dos princípios

A Constituição brasileira, por ser democrática, caracteriza-se como compromissória, reflexo de uma sociedade plural, consagrando múltiplos valores, muitos deles contraditórios entre si como, por exemplo, o da livre iniciativa e o da defesa da concorrência e do consumidor[144].

A colisão de princípios, portanto, não só é possível, como faz parte da lógica do sistema que é dialético.[145] Assim o intérprete ver-se-á, muitas vezes, de frente com um caso concreto sujeito simultaneamente a princípios e valores constitucionais que se contrapõem[146].

A ordem infraconstitucional, "na medida em que regulamenta ou apenas desenvolve disposições constitucionais, reproduz o mesmo quadro: previsões que tutelam bens diversos e que, em determinado ponto, podem gerar situações de antinomia"[147].

Uma das conseqüências dessa situação foi a constatação da insuficiência dos métodos tradicionais de hermenêutica e o desenvolvimento de novo método de interpretação para

---

[144] A propósito do pluralismo, Daniel Sarmento,.*in* **A ponderação de interesses ...**, assim se manifesta às fls.136:"A lei fundamental deve ser dotada de elasticidade material suficiente para abrigar, sob o seu manto, ideologias e cosmovisões diferentes, sem optar de modo definitivo por nenhuma delas. O constituinte não deve engessar a sociedade, mas, antes, fomentar o embate entre idéias e projetos divergentes, convertendo-se com isso em agente catalisador do ideal democrático e pluralista."

[145] BARROSO, Luís Roberto.Fundamentos teóricos e filosóficos do novo Direito Constitucional ...,p. 31.

[146] Observa BARCELLOS, Ana Paula de. Alguns parâmetros normativos para a ponderação constitucional. *In:* BARROSO,Luís Roberto(Org.) **A nova interpretação constitucional: ponderação, direitos fundamentais e relações privadas.** Rio de Janeiro-São Paulo, Renovar, 2003, p. 50, que, no mundo atual [...] já não é possível examinar com seriedade os problemas contemporâneos sob um único ponto de vista ou oferecer-lhes uma resposta simples e direta, já que, com freqüência, eles envolvem valores e interesses diversificados e conflitantes.

[147] IBIDEM, p. 51

resolver os chamados "casos difíceis", qual seja o da ponderação.

Ademais, desenvolveu-se o entendimento de que no processo de interpretação, para a solução do problema, inclui-se necessariamente a análise do caso concreto. "La intepretación constitucional es **concretización**", ensina Konrad Hesse[148].

Esses tópicos, da ponderação de valores e a necessidade de considerar, para a decisão, as circunstâncias do caso concreto, serão desenvolvidos a seguir.

2.4.1 - A distinção entre princípios e regras: a ponderação dos princípios

Os comandos constitucionais, tal como as normas em geral, dividem-se em duas grandes categorias: os princípios e as regras.[149] Regras e princípios diferenciam-se, não só no que tange a seu conteúdo e estrutura, mas principalmente quanto ao modo particular de sua aplicação.

Quanto ao conteúdo, em resumo, os princípios identificam valores, traçam fins públicos, já as regras traçam condutas; quanto à estrutura, os princípios contêm maior grau de abstração, indicam estados ideais, fins a serem alcançados e as regras especificam atos a serem praticados para o seu cumprimento[150].

---

[148] HESSE, Konrad. **Escritos de Derecho Constitucional.** ..., p.43
[149] ALEXY, Robert. **Teoria de los Derechos Fundamentales.** Trad. de Ernesto Garzon Valdez Madrid. Centro de Estúdios Políticos y Constitucionales, 2002, p.83, elucida que "Tanto las reglas como los principios son normas porque ambos dicen lo que debe ser. Ambos pueden ser formulados con la ayuda de las expressiones deónticas básicas del mandato, la permisón y la prohibición. Los princípios, al igual que las reglas, son razones para juicios concretos de deber ser, aun quando sean razones de un tipo muy diferente. La distinción entre reglas y principios es pues una distincion entre dos tipos de normas."
[150] Ver simples e objetiva distinção entre regras e princípios em BARROSO, Luís Roberto e BARCELLOS, Ana Paula de. O começo da História. A nova interpretação constitucional e o papel dos princípios no Direito brasileiro. *In:* BARROSO, Luís Roberto(Org.) **A nova interpretação**

Quanto ao modo de aplicação, se as condutas descritas na regra ocorrerem, deve-se a elas automaticamente aplicar a regra, mediante o método tradicional da subsunção. A regra só não incidirá se for inválida, se houver outra norma mais específica ou se tiver sido revogada por outra posterior. Já os princípios não são aplicados de modo absoluto. Os princípios contêm valores, fundamentos que orientam a decisão a seguir. Numa ordem pluralista, os princípios se contrapõem a outros que também hão de ser considerados para a solução do caso concreto, devendo ser assim aplicados numa dimensão de peso e importância.

De acordo com os ensinamentos decisivos de Ronald Dworkin,

> Rules are applicable in all-or-nothing fashion. If the facts a rule stipulates are given, then either the rule is valid, in which case the answer it supplies must be accepted, or it is not, in which case it contributes nothing to the decision.
>
> [...]
>
> Principles have a dimension that rules do not – the dimension of weight or importance. When principles intersect [...], one who most resolve the conflict has to take into account the relative weight of each [...].[151]

Ou ainda de acordo com o desenvolvimento dessa teoria procedido por Robert Alexy:

> Un conflicto entre reglas solo puede ser solucionado o bien introduciendo en una de las reglas una cláusula de excepción que

---

constitucional:ponderação, direitos fundamentais e relações privadas.Rio de Janeiro-São Paulo, Renovar, 2003, p. 340/341.
[151] DWORKING, Ronald. **Taking rights seriously.** Cambridge, Massachusetts: Harvard University Press, 1997, p 24 e 26.

> elimina el conflicto o declarando inválida, por lo menos, una de las reglas.[...] Lo fundamental es que la decisión es una decisión acerca de la validez.
>
> [...]
>
> Las colisiones de princípios deben ser solucionadas de manera totalmente distinta.[...] Esto es lo que se quiere decir cuando se afirma que en los casos concretos los princípios tienen diferente peso y que prima el principio con mayor peso. Los conflictos de reglas se llevan a cabo en la dimensión de la validez; la colisión de princípios - como sólo pueden entrar en colisón princípios válidos – tiene lugar más allá de la dimensión de la validez en la dimensión del peso[152].

Nesse sentido vem prevalecendo o entendimento de que a aplicação dos princípios, em razão de sua carga valorativa, seu conteúdo aberto e extremamente dependente da realidade subjacente,[153] demanda técnica específica de interpretação constitucional, qual seja, a **ponderação,** assim conceituada por Luís Roberto Barroso:

> A denominada **ponderação de valores** ou **ponderação de interesses** é a técnica pela qual se procura estabelecer o peso relativo de cada um dos princípios contrapostos. Como não existe um critério abstrato que imponha a supremacia de um sobre o outro, deve-se, à vista do caso concreto, fazer concessões

---

[152] ALEXY, Robert. **Teoria de los Derechos Fundamentales.** Tradução: Ernesto Garzón Valdés. Madrid: Centro de Estúdios Políticos Y Constitucionales. 2002, p.88-89.
[153] Conforme qualificação de BARROSO, Luís Roberto; BARCELLOS, Ana Paula de. O começo da História. A nova interpretação constitucional e o papel dos princípios no Direito brasileiro...., p. 327-378.

recíprocas, de modo a produzir um resultado socialmente desejável, sacrificando o mínimo de cada um dos princípios ou direitos em oposição.[154]

Tanto para Ronald Dworkin como para Robert Alexy, a colisão de princípios implica a dimensão de peso e o conflito de regras a dimensão da validade, não sendo possível a ponderação de regras, mediante a atribuição de peso e importância àquelas em conflito para a solução do problema.

As conclusões de Ronald Dworkin e Robert Alexy vêm sendo atenuadas pela dogmática contemporânea no sentido de que a aplicação das regras se dá **predominantemente** mediante subsunção e a dos princípios, **predominantemente** mediante ponderação[155].

Sobre o assunto, Humberto Ávila registra que "muitas vezes o caráter absoluto da regra é completamente modificado depois da consideração de todas as circunstâncias do caso", citando exemplos de decisões, algumas do Supremo Tribunal Federal, nas quais as normas pertinentes indicavam um modo absoluto de aplicação, mas que, com a consideração a todas as circunstâncias, terminaram por exigir um processo complexo de ponderação de razões e contra-razões[156].

Para o citado autor, ainda no caso de aplicação de regras, a ponderação pode ser necessária, eis que o aplicador também pode considerar elementos específicos de cada situação, embora sua utilização, dado o seu caráter excepcional, "dependa de um ônus de argumentação capaz de superar as razões para cumprimento da regra"[157].

---

[154] BARROSO, Luís Roberto. Fundamentos teóricos e filosóficos do novo Direito Constitucional, p. 32.
[155] Ibidem, p. 31.
[156] ÁVILA, Humberto. **Teoria dos princípios (da definição à aplicação dos princípios jurídicos)**,. 4. ed. São Paulo: Malheiros Editores, 03.2004, p. 36. As decisões do STF referem-se ao HC 73.662-9 e HC 77.003, ambas sendo rel. Min. Marco Aurélio.
[157] Ibidem, p. 41.

Ana Paula de Barcellos igualmente observa que, à semelhança do que ocorre com os princípios constitucionais, muitas normas infraconstitucionais encontram suporte lógico e axiológico em algumas normas constitucionais ao mesmo tempo em que parecem afrontar outras, não autorizando, assim, a definição de sua constitucionalidade ou inconstitucionalidade por mera subsunção[158].

Com efeito, as regras infraconstitucionais são, em geral, editadas tendo por escopo a concretização de princípios constitucionais. Assim, ao aplicar-se uma regra a uma determinada situação, estão sendo igualmente aplicados os princípios e valores constitucionais que a justificam. Ademais, uma das funções dos princípios é justamente servir de guia para o intérprete, que deverá, assim, "pautar-se pela identificação do princípio maior que rege o tema apreciado, descendo do mais genérico ao mais específico, até chegar à formulação da regra concreta que vai reger a espécie".[159]

Enfim, Luis Roberto Barroso e Ana Paula de Barcellos bem sintetizam a questão sob o ponto de vista doutrinário ao concluir que "princípios – e, com crescente adesão da doutrina, também as regras – são ponderados, à vista do caso concreto."[160]

Por derradeiro, é de se ressaltar que o controle das decisões judiciais resultantes da ponderação faz-se através do exame da argumentação que as fundamentam, da correção dos argumentos e da racionalidade do raciocínio apresentados pelo intérprete[161].

---

[158] BARCELLOS, Ana Paula de. Alguns parâmetros normativos para a ponderação constitucional.*In:* BARROSO, Luís Roberto(Org.) **A nova interpretação constitucional:ponderação, direitos fundamentais e relações privadas.**Rio de Janeiro-São Paulo, Renovar, 2003, p. 55.
[159] BARROSO, Luís Roberto.Fundamentos teóricos e filosóficos do novo Direito ..., p. 29.
[160] BARROSO, Luís Roberto e BARCELLOS, Ana Paula de. O começo da História. A nova interpretação constitucional e ..., p.343.
[161] Ibidem, p.350.

2.4.2 – Interpretar é concretizar; é estabelecer relação entre a norma e o fato

A noção prevalecente no positivismo jurídico era a de que toda norma apresentava um sentido unívoco, abstrato, tendencialmente imutável. Desse modo, ao operador jurídico, "revelador de verdades abrigadas no comando geral e abstrato da lei"[162], caberia apenas identificar a norma e, ato subseqüente, numa operação lógica, aplicar a norma ao fato trazido a sua apreciação.

Esta visão encontra-se hoje superada pelo reconhecimento não só de que não é possível exigir absoluta neutralidade ao intérprete[163] como também de que a atividade de julgar implica necessariamente uma atividade criadora.

Ademais, consolidou-se a noção de que a atividade de interpretação não pode ser abstrata sob pena de resultar injusta, frustrando-se assim a finalidade maior do direito.

Nessas condições, prevalece hoje o entendimento doutrinário de que interpretar é estabelecer uma relação entre a norma e o fato. É a partir da incidência da norma sobre o fato que se define o sentido da norma. Ou seja, "não existe, portanto, um sentido imanente à palavra, este é a relação (e nada mais) entre o texto e um objeto ao qual se refere".[164]

Tal entendimento não se restringe à interpretação constitucional, até porque toda interpretação jurídica é interpretação constitucional. Com efeito, ou se aplica a Constituição diretamente – quando a pretensão se funda em

---

[162] Nas palavras de BARROSO, Luís Roberto. Fundamentos teóricos e filosóficos do novo Direito ...,p.12.
[163] PERLINGIERI, Pietro. **Perfis do Direito Civil.** ..., p. 62, reconhecendo que não se nega que a interpretação da norma e do fato sejam atos permeáveis a qualquer ideologia, observa com propriedade que "é impossível separar o homem do jurista". Registre-se que o autor defende o entendimento de que essa observação não significa a completa superação, por parte do filósofo e do político, do papel do jurista. Para ele, a interpretação deve ser extraída da lei e não de referências pessoais do intérprete.
[164] Ibidem, p.68.

norma constitucional - ou se aplica indiretamente – quando a pretensão se funda em norma infraconstitucional - caso em que a norma infraconstitucional além de estar sujeita ao controle de constitucionalidade, o seu sentido e alcance são determinados pelos valores constitucionais.[165] Além disso, por ter passado a Lei Fundamental para o centro do sistema jurídico, "toda a ordem jurídica deve ser lida e apreendida sob a lente da Constituição, de modo a realizar os valores nela consagrados".[166]

Retomando as lições de Pietro Perlingieri, cabe registrar sua critica à técnica da subsunção ("procedimento de recondução do caso concreto à *fattispecie* abstrata prevista na norma, como operação lógica formal"), entendendo-a hoje superada pela contínua remissão do direito positivo a elementos extrapositivos.[167]

Das lições de Konrad Hesse e Pietro Perlingieri pode-se concluir que, no processo de interpretação, a norma e as circunstâncias do caso concreto devem ser inseparáveis e simultâneos elementos de conhecimento, indispensáveis para a construção da decisão justa do problema levado à apreciação do intérprete.

Por fim, é interessante observar, juntamente com Daniel Sarmento, que tanto a técnica da ponderação quanto a moderna interpretação jurídica apresentam afinidades no sentido de ambas, ao mesmo tempo em que buscam preservar o respeito ao texto normativo, dão especial atenção às particularidades do caso concreto (problema), que

---

[165] BARROSO, Luís Roberto..O novo direito constitucional e a constitucionalização do direito.*In:* **Temas de Direito Constitucional.** Tomo III. Rio de Janeiro:Renovar, 2005, p. 510.
[166] BARROSO, Luís Roberto.Fundamentos teóricos e filosóficos do novo Direito ..., p. 44, mencionando que esse fenômeno tem sido identificado por alguns autores como *filtragem constitucional.*
[167] PERLINGIERI, Pietro. **Perfis do Direito Civil...**, p. 68.

demandam "postura mais flexível e menos dogmática do operador do direito".[168]

2.5 – O entendimento dos Tribunais Superiores brasileiros

Da mesma forma, os Tribunais Superiores brasileiros vêm-se posicionando também no sentido de que os princípios constitucionais, além de condicionar a interpretação das normas infraconstitucionais, devem ser aplicados diretamente às relações jurídicas privadas, sempre que não houver lei ou a aplicação da lei revelar-se injusta no caso concreto. Nessa linha, em seus julgamentos, as circunstâncias específicas do caso *sub judice* têm sido consideradas pelos desembargadores para a melhor interpretação e aplicação da lei.

Acórdão exemplar foi o proferido no RESP 615705/PR, julgado pela Primeira Turma do Superior Tribunal de Justiça (STJ), em 4.11.2004, em que foi relator o Desembargador Luiz Fux.

Estava em julgamento a legalidade do corte de energia elétrica de consumidor inadimplente. O Exmo. Ministro Relator, de início, fez referência a posicionamentos anteriores do Tribunal (RESP 363.943/MG e RESP 337.965/MG), no sentido da legalidade do corte de fornecimento de energia elétrica e de água por falta de pagamento, com base no inciso

---

[168] SARMENTO, Daniel. **A ponderação de interesses na Constituição....**, p.135. Interessante registrar também a lúcida observação, no mesmo sentido, de BARROSO, Luís Roberto. O começo da história. A nova interpretação constitucional e o papel dos princípios no Direito Brasileiro...., p. 5, "As fórmulas abstratas da lei e a discrição judicial já não trazem todas as respostas.O paradigma jurídico, que já passara, na modernidade, da lei para o juiz, transfere-se agora para o caso concreto, para a melhor solução, singular ao problema a ser resolvido."

II do §3º do art. 6º da Lei nº 8.987/95[169], que dispõe sobre o regime de concessão e permissão da prestação de serviços públicos previsto no art. 175 da Constituição Federal. Não obstante, o seu voto, que afinal prevaleceu, resultou favorável à impossibilidade do corte de fornecimento de serviços essenciais de pessoa física em situação de miserabilidade, com fundamento no princípio da dignidade humana.

Com efeito, a leitura desse acórdão permite depreender que, para o STJ, o princípio constitucional da dignidade da pessoa humana, em razão de sua superioridade e centralidade no ordenamento jurídico pátrio, deve prevalecer sobre a lei, sempre que a sua aplicação se revelar injusta no caso concreto. Ademais, ainda em consonância com a mais atualizada doutrina, consubstancia a citada decisão o entendimento de que a lei não pode ser aplicada "em tese", mas sim levando em consideração as circunstâncias do caso em julgamento.

Vejam-se os seguintes trechos da ementa do referido acórdão, bastante elucidativos do acima exposto:

> [...]
>
> 4. Hodiernamente, inviabiliza-se a aplicação da legislaçãoinfraconstitucional impermeável aos princípios constitucionais,dentre os quais sobressai o da dignidade da pessoa humana, que é um dos fundamentos da República, por isso que inaugura o texto constitucional, que revela o nosso ideário como nação.

---

[169] Tal dispositivo assim estatui: "Art. 6º - [...] § 3º - Não se caracteriza como descontinuidade do serviço a sua interrupção em situação de emergência ou após prévio aviso, quando: [...]; II - por inadimplemento do usuário, considerado o interesse da coletividade."

> 5. In casu, o litígio não gravita em torno de uma empresa quenecessita da energia para insumo, tampouco de pessoas jurídicas portentosas, mas de uma pessoa física miserável e desempregada, de sorte que a ótica tem que ser outra. Como afirmou o Ministro Francisco Peçanha Martins noutra ocasião, temos que enunciar o direito aplicável ao caso concreto, não o direito em tese. Forçoso, distinguir, em primeiro lugar, o inadimplemento perpetrado por uma pessoa jurídica portentosa e aquele inerente a uma pessoa física que está vivendo no limite da sobrevivência biológica.
>
> [...]
>
> 9. Esses fatos conduzem a conclusão contrária à possibilidade decorte do fornecimento de serviços essenciais de pessoa física emsituação de miserabilidade, em contrapartida ao corte de pessoa jurídica portentosa, que pode pagar e protela a prestação da sua obrigação, aproveitando-se dos meios judiciais cabíveis.
>
> 10. Recurso especial provido, ante a função uniformizadora da Corte.[170]

Como se viu, o STJ, diante das circunstâncias específicas de cada caso, entendeu possível dar ao mesmo dispositivo legal aplicações diferentes, à luz dos princípios constitucionais que

---

[170] BRASIL. Superior Tribunal de Justiça. Recurso Especial nº 615.705/PR. Primeira Turma. Administrativo. Corte do fornecimento de energia elétrica .Inadimplência do consumidor. Legalidade. Relator: Ministro Luiz Fux. Julgado em 4.11.2004. DJ.13.12.2004. Disponível http://www.stj.gov.br/SCON/jurisprudencia/doc.jsp. Acesso em 23.10.2005.

devem reger cada caso e que hão de orientar a decisão judicial, acima do texto frio da lei.

Outro exemplo ilustrativo desse posicionamento é o acórdão emitido no RESP. 647.698-RS, em 21 de setembro de 2004, também da Primeira Turma, ainda sob a relatoria do Min. Luiz Fux, que deferiu a liberação de recursos do FGTS para atendimento de hipótese não prevista em lei, com fundamento na aplicação direta de princípios constitucionais, considerando que a autora "tinha mais de 70 anos, não exercia atividade remunerada, sua renda familiar *per capita* era inferior a ¼ do salário mínimo e não estava recebendo nenhum valor pecuniário da Previdência Social ou da Assistência Social [...]".

Leia-se a ementa do citado Acórdão:

> FGTS. LEVANTAMENTO DOS SALDOS DE FGTS E PIS/PASEP A BENEFICIÁRIO DE AMPARO ASSISTENCIAL, NÃO ELENCADO NO ART. 20 DA LEI Nº 8.036/90. POSSIBILIDADE.
>
> 1. A enumeração do art. 20, da Lei 8.036/90, não é taxativa, admitindo-se, em casos excepcionais, o deferimento da liberação dos saldos do FGTS em situação não elencada no mencionado preceito legal, como no caso dos autos. Precedentes.
>
> 2. Ao aplicar a lei, o julgador se restringe à subsunção do fato à norma. Deve atentar para princípios maiores que regem o ordenamento jurídico e aos fins sociais a que a lei se destina (art. 5º, da Lei de Introdução ao Código Civil).
>
> 3. Possibilidade de liberação do saldo do FGTS não elencada na lei de regência, mas que se justifica, por ser o direito à vida, à

> saúde e à dignidade do ser humano garantias fundamentais assegurada constitucionalmente.
>
> 4. À luz da ratio essendi do FGTS, que tem como escopo maior atender às necessidades básicas do trabalhador nas ocasiões em que, por si só, não poderia ele arcar com essas despesas, sem prejuízo da sua estabilidade financeira, não há como indeferir-se o pleito, máxime às pessoas idosas, cuja expectativa de utilização do quantum restringe-se em face da faixa etária que se encontram. Exegese que se coaduna com as cláusulas constitucionais de proteção ao idoso e à dignidade da pessoa humana.
>
> 5. Recurso especial improvido.[171]

Em ambos os casos acima citados, pode-se concluir que, apesar da existência de lei específica sobre o tema, o STJ entendeu que, acima da norma infraconstitucional, deveria ser aplicado diretamente o princípio constitucional da dignidade da pessoa humana. Este princípio, por ser o principal fundamento do ordenamento pátrio, obriga o aplicador da lei a fazer com que sejam atendidos, casuisticamente e primordialmente, os valores substanciais ligados à pessoa humana.

Nesse sentido, aliás, encontra-se a decisão da Câmara do Tribunal de Justiça do Estado do Rio de Janeiro, proferida em 18/11/2003, no Agravo de Instrumento nº 2003.002.06727, sendo Relator o Des. Sylvio Capanema, assim ementada:

---

[171] BRASIL. Superior Tribunal de Justiça. Recurso Especial 647.698-RS.Primeira Turma. FGTS.Levantamento dos saldos do FGTS...Relator: Ministro Luiz Fux. Julgado em 21.09.2004. Publicado DJ.25.10.2004. Disponível http://www.stj.gov.br/SCON/jurisprudencia/doc.jsp Acesso em 23.10.2005.

> Agravo de instrumento. Investigação de paternidade. Pedido de exumação de cadáver para realização de exame de DNA. Relativização da coisa julgada. Em se tratando de direito da personalidade, inerente `a dignidade da pessoa humana, tal como o de ver reconhecida a sua paternidade, a moderna doutrina vem admitindo a relativização da coisa julgada, segundo ensinamentos de Humberto Theodoro, Candido Dinamarco e outros. Rejeita-se, assim, a exceção de coisa julgada, para se acolher o pedido de exumação. Rejeição das preliminares e desprovimento do recurso, revogando-se o efeito suspensivo antes concedido.[172]

2.6 – A importância da perspectiva civil-constitucional para a análise da função social do acordo de acionistas de comando.

O acordo de acionistas de comando configura instrumento de exercício de controle, de regra, de grandes companhias.

Numa economia de mercado, como a brasileira, é notório o papel fundamental que a sociedade empresária, em especial a de grande porte, desempenha, pois a ela cabe primordialmente criar riqueza, gerar empregos, promover o desenvolvimento econômico, fabricar os produtos e prestar os serviços de que a comunidade precisa, o que lhe atribui um enorme poder no contexto social.

Considerando que é aos acionistas controladores – como se caracterizam os acionistas reunidos no acordo de acionistas de comando – que cabe decidir sobre as atividades da companhia e orientar a atuação de seus administradores, a

---

[172] RIO DE JANEIRO. Tribunal de Justiça. Agravo de Instrumento nº 2003.002.06727.Décima Câmara Cível. Investigação de Paternidade. Relator: Des. Sylvio Capanema. Julgado em 18.11.2003. Disponível em http://www.tj.rj.gov.br/. Acesso em 23.10.2005.

conclusão é de que os verdadeiros titulares do poder empresarial são os seus controladores.

Como se relatou no presente capítulo, em decorrência das graves injustiças sociais provocadas pelo liberalismo, o Estado passou a intervir nas relações privadas, na proteção dos mais fracos em face dos mais fortes, titulares do poder econômico, objetivando não só a realização da justiça comutativa entre as partes como também da justiça social. A partir do Estado Social, passou-se a exigir que os atos privados, para merecer a tutela jurídica, atendam não só aos interesses individuais mas também aos interesses coletivos, resultando na chamada socialização do direito privado; passou-se a exigir que todo instituto jurídico tenha uma função social.

O enorme poder da empresa em relação a expressivo número de pessoas (acionistas, empregados, fornecedores, credores, distribuidores, consumidores, poder público) determina assim igual contrapartida de responsabilidade no atendimento desses interesses, por parte dos detentores daquele poder. A Constituição vigente brasileira enfatiza esse viés social, ao consagrar como princípios fundamentais da República o da solidariedade, o da justiça social e o da promoção da pessoa humana.

No que tange ao acordo de acionistas de comando, considerando a sua qualificação de contrato e de instrumento de controle da sociedade anônima, no estudo de sua função social hão de ser considerados dois artigos principais: o art. 421 do Código Civil e o parágrafo único do art. 116 da Lei das Sociedades por Ações que assim dispõem:

> Art. 421: A liberdade de contratar será exercida em razão e nos limites da função social do contrato.
>
> Parágrafo único do Art. 116: O acionista controlador deve usar o poder com o fim de fazer a companhia realizar o seu objeto e

cumprir sua função social, e tem deveres e responsabilidades para com os demais acionistas da empresa, os que nela trabalham e para com a comunidade em que atua, cujos direitos e interesses deve lealmente respeitar e atender.

Como se vê, trata-se de duas normas de conteúdo abstrato, finalístico, valorativo, de incidência a um número indefinido de casos, qualificando-se assim como cláusulas gerais, diferentes das chamadas cláusulas regulamentares, que, impondo determinada conduta, têm, de regra, incidência restrita aos casos que especifica.

A centralidade da Constituição no ordenamento jurídico e a normatividade de seus princípios, que caracterizam o novo constitucionalismo como ressaltado neste capítulo, impõem que o estudo e a análise do conteúdo e fundamento e dos limites desses dois preceitos normativos sejam feitos a partir dos princípios e valores constitucionais.

Em decorrência de ser o acordo de acionistas de comando não só um contrato – principal instrumento da atividade empresarial – mas também um contrato parassocial, destinado a produzir efeitos na sociedade empresária – principal agente da ordem econômica - os princípios constitucionais a serem primordialmente considerados são aqueles previstos no art. 170 que inaugura o Capítulo I, intitulado, Dos Princípios Gerais da Atividade Econômica, da Ordem Econômica e Financeira da Constituição de 1988.

A leitura do art. 170 da Constituição revela que os fundamentos da ordem econômica são a valorização do trabalho humano e a livre iniciativa, sendo sua finalidade a de assegurar a todos existência digna, conforme os ditames da justiça social. Tais fundamentos e fins deverão assim servir de norte para o intérprete do artigo 421 do Código Civil e do parágrafo único do artigo 116 da Lei Acionária, na solução dos casos submetidos à sua decisão. Da mesma forma, deverão ser considerados os demais princípios relacionados no citado art. 170.

Desse modo, diante de cada caso, o operador jurídico deverá buscar a melhor solução que concretize a vontade constitucional, mediante a aplicação dos seus princípios e valores, seja direta e imediatamente, seja de forma indireta e mediata, através das mencionadas cláusulas gerais.

Ocorre que, na relação principiológica do art. 170 da Constituição, existem princípios que se contrapõem, que se limitam reciprocamente como o da propriedade e o da função social da propriedade; o do desenvolvimento econômico e o da proteção ao meio ambiente; o da livre iniciativa e o da defesa da concorrência; o da propriedade e o da defesa do consumidor, o da livre iniciativa e o do desenvolvimento regional e social.

Nessas condições, em razão das peculiaridades do caso em julgamento, poderá ocorrer que o preenchimento do conteúdo da função social do contrato ou da função social da empresa implique a incidência de princípios conflitantes. Nesse caso, deverá o julgador valer-se da técnica da ponderação de princípios, fazendo prevalecer, fundamentadamente, em sua decisão, aquele que melhor realize, na hipótese, o valor da justiça e o da dignidade da pessoa humana.

O novo constitucionalismo conduz assim à inafastável conclusão de que o estudo e a análise da função social do acordo de acionistas de comando hão de ser realizados a partir da perspectiva civil-constitucional, de modo a dar efetividade ao quadro axiológico previsto na Constituição, centrado na cláusula geral de tutela da pessoa humana.

É o que se passará a fazer nos capítulos seguintes.

CAPÍTULO III – A FUNÇÃO SOCIAL DO CONTRATO – UM PANORAMA DOUTRINÁRIO E JURISPRUDENCIAL

O acordo de acionistas, como se viu, tem a natureza jurídica de contrato. Desse modo, previamente à análise específica do acordo de acionistas de comando sob a ótica de sua função social, impõe-se uma apreciação do art. 421 do Código Civil brasileiro, nos termos do qual "a liberdade de contratar será exercida em razão e nos limites da função social do contrato".

A análise a que se procederá será basicamente orientada pela perspectiva civil-constitucional, procurando qualificar o sentido da liberdade de contratar, a questão da funcionalização dos institutos jurídicos, além do conteúdo, fundamentos e limites da função social do contrato, a partir dos princípios e valores constitucionais.

3.1 – A liberdade de contratar: visão atual

A Constituição de 1988, em seu art. 5º, *caput,* relaciona o direito à liberdade como um direito fundamental e, de forma expressa, arrola, no seu art. 3º, inciso I, entre os objetivos fundamentais da República, o da construção de uma sociedade livre, justa e solidária. Vê-se assim que o valor da liberdade juntamente com os da justiça e solidariedade são valores que o ordenamento pátrio objetiva realizar.

Desse modo, o sentido do direito à liberdade, o que abrange a liberdade de contratar, não pode ser entendido como valor primordial e absoluto, de caráter individualista, ou como um valor sagrado do mercado, como acontecia no Estado Liberal.

Especialmente, no que tange ao contrato, sendo ele um dos principais instrumentos da atividade econômica[173], cuja livre

---

[173] Para Orlando Gomes " A nova maneira de *atividade econômica*, caracterizada pela organização de fatores da produção em unidades

iniciativa a Constituição protege, há de se levar em conta que essa proteção condiciona-se ao seu valor social, inserto como fundamento da República, no art. 1º, inciso IV, da Constituição Federal. O valor social que justifica a livre iniciativa há de ser especialmente considerado na apreciação da função social do acordo de acionistas de comando, haja vista a sua configuração não só de contrato, mas de contrato parassocial, estreitamente vinculado ao pacto social e aos destinos da sociedade empresária, como se expôs no primeiro capítulo. Isto porque, como ensina José Afonso da Silva, a "*liberdade de iniciativa* envolve a liberdade de indústria e comércio ou liberdade de empresa e a liberdade do contrato".[174]

Nessas condições, quando se fala em liberdade de contratar, o seu significado deve ser compreendido juntamente com os valores sociais da justiça e da solidariedade, da redução das desigualdades sociais que constituem, segundo a Constituição brasileira, fins que justificam toda e qualquer atividade pública ou privada. Ademais, a evidenciar ainda a ótica humanista do ordenamento nacional, observe-se que o art. 170, *caput*, da Constituição dispõe que a ordem econômica – que se implementa principalmente através dos contratos - tem por fim assegurar a todos existência digna, conforme os ditames da justiça social.

O art. 421 do Código Civil brasileiro, ao prever que a liberdade de contratar há de ser exercida em razão e nos limites da função social do contrato, vem refletir, em nível infraconstitucional, a relatividade dessa liberdade, no sentido de ela não poder ser exercida exclusivamente no interesse das partes contratantes o que, de resto, e como já antes exposto, de há muito não constitui novidade, superados os

---

industriais ou comerciais, trouxe o *contrato* para o centro das forças de propulsão de riqueza." (A função do Contrato. **Novos Temas de Direito Civil.** Rio de Janeiro:Forense, 1983, p. 108).
[174] SILVA, José Afonso da Silva. **Curso de Direito Constitucional Positivo.** 26. ed.rev. e atualiz.São Paulo:Malheiros Editores, 2006, p.793.)

mitos do Estado Liberal pelos princípios do Estado intervencionista, como se caracteriza o Estado brasileiro.[175]

As modificações que cabe destacar referem-se à compreensão dos limites atualmente impostos à autonomia privada, âmbito dentro do qual se insere a liberdade de contratar. O ideário constitucional revela que não mais bastam os limites negativos oitocentistas ditados pela ordem pública e pelos bons costumes[176], mas deve o exercício da autonomia privada orientar-se também pela utilidade que possa ter na consecução dos interesses gerais da comunidade. O Estado, seja através do legislador, seja através do juiz, passa a intervir "profundamente nas relações contratuais, ultrapassando os limites da justiça comutativa, para promover não apenas a justiça distributiva mas a justiça social."[177]

A regulamentação posta num contrato, resultante da liberdade contratual, será merecedora de tutela se e apenas quando corresponder não só aos princípios presentes a nível ordinário, mas também aos princípios hierarquicamente superiores que operam em todo o sistema. Como bem

---

[175] Paulo Luiz Neto Lôbo ensina que as Constituições sociais são compreendidas como intervencionistas "quando regulam a ordem econômica e social para além do que pretendia o Estado liberal". (Princípios Sociais dos Contratos no CDC e no Novo Código Civil. Disponível em
http://www.mundojuridico.adv.br/documentos/artigos/texto444.doc. Acesso em 5 de agosto de 2005.)
[176] Francisco Amaral define a ordem pública como conjunto de normas jurídicas que regulam e protegem os interesses fundamentais da sociedade e do Estado, e as que, no Direito privado, estabelecem as bases jurídicas fundamentais da ordem econômica e os bons costumes como conjunto de regras morais que formam a mentalidade de um povo e que se exprimem em princípios jurídicos como o da lealdade contratual, da proibição do lenocínio, dos contratos matrimoniais, do jogo etc., como se lê em artigo intitulado Autonomia Privada. Disponível em:
<http://www.cfj.gov.br/revista/numero9/artigo5.htm>. Acesso em: 11 de janeiro de 2006.
[177] NETO LÔBO, Paulo Luiz. Contrato e mudança social. **Revista dos Tribunais.** São Paulo:Revista dos Tribunais, ano 84, v.722, dez 1995, p.42.

esclarecem Gustavo Tepedino, Heloisa Helena Barboza e Maria Celina Bodin de Moraes,

> Hoje não mais se deve entender que os valores constitucionais criam limites externos à autonomia privada, mas, antes, informam seu núcleo funcional. A autonomia privada não consiste, definitivamente, em um "espaço em branco" deixado à atuação da liberdade individual, mas, ao contrário, apenas recebe tutela na medida em que se conforme aos valores constitucionais.[178]

Desse modo, a limitação da autonomia de contratar à função social do contrato impõe conjugar o princípio da liberdade com a justiça social, com o princípio da solidariedade, implicando "deveres das pessoas em relação à sociedade, superando-se o individualismo jurídico em favor dos interesses comunitários e corrigindo-se os excessos da autonomia da vontade nos primórdios do capitalismo."[179]

Essa mudança de perspectiva, no sentido de que ao valor da liberdade do indivíduo se sobrepõe agora os da solidariedade, da responsabilidade e da proteção da dignidade da pessoa humana, como ensina Maria Celina Bodin de Moraes, "acarretou uma profunda transformação no âmago da própria lógica do direito civil". Do objetivo liberal de assegurar abstratamente a igualdade perante a lei, a Constituição Federal de 1988, ao relevar os princípios da dignidade humana e da solidariedade social, impõe a todos o enfrentamento das "desigualdades concretas do contexto da sociedade brasileira contemporânea, ao propugnar como

---

[178] TEPEDINO, Gustavo.BARBOZA, Heloisa Helena.MORAES, Maria Celina Bodin de. (Orgs.) **Código Civil Interpretado conforme a Constituição da República.**vol 1.Rio de Janeiro:Renovar, 2004, p.211.
[179] AMARAL, Francisco. Autonomia Privada. Disponível em:
<http://www.cfj.gov.br/revista/numero9/artigo5.htm>. Acesso em: 11 de janeiro de 2006.

objetivo fundamental da república – art. 3º, III – a erradicação da pobreza e da marginalização social".[180]

A consideração da pessoa humana e sua dignidade já vem servindo de fundamento à jurisprudência dos tribunais brasileiros, como princípio prevalecente, além de limitador, ao da liberdade de contratar. Ao apreciar embargos de declaração interpostos de decisão proferida em agravo de instrumento, em que se discutia a existência e aplicação de cláusula excludente de responsabilidade por danos morais inserta em contrato de seguro, a Oitava Câmara Cível do Tribunal de Justiça do Estado do Rio de Janeiro, ao concluir, por unanimidade, pela ineficácia dessa cláusula, tratou dos limites da liberdade de contratar. Nesse sentido é bastante expressivo o seguinte trecho do voto do Exmo.Sr. Desembargador Relator Ferdinaldo Nascimento:

> Tem-se, portanto, que a cláusula contratual que exclui a responsabilidade da embargante por danos de ordem moral, embora expressa, foi, na oportunidade, mitigada em prol de princípios e valores maiores, hoje, inclusive, positivados pelo Código Civil de 2002, tais como a boa-fé objetiva e a função social dos contratos.
>
> Nessa linha de princípio, a liberdade de contratar e o princípio da obrigatoriedade (*pacta sunt servanda*) foram mitigados em prol da dignidade da pessoa humana, posto que tal argumento não é mais absoluto e nem pode ser analisado isoladamente.[181]

---

[180] MORAES, Maria Celina Bodin de. O Princípio da Solidariedade.*In* **Os princípios da Constituição de 1988.** *In*: PEIXINHO Manuel Messias; GUERRA, Isabella Franco; NASCIMENTO FILHO, Firly.(Orgs.). Rio de Janeiro:Lúmen Iuris, 2001, p. 185.
[181] RIO DE JANEIRO.Tribunal de Justiça.Embargos de Declaração.Agravo de Instrumento oriundo do STJ nº 577645/RJ(Apelação Cível nº 2002.001.03059).Embargos de declaração.Agravo de Instrumento

A liberdade de contratar acordos de acionistas de comando, embora seja instituto primordialmente utilizado por partes equilibradas, o que possibilita um âmbito maior de atuação dessa liberdade[182], não deve ser, em consonância com a ótica constitucional solidarista, instrumento de realização apenas dos interesses individuais de seus signatários.

A sua especial vinculação à sociedade empresária, "protagonista máxima do espetáculo da vida econômica na sociedade"[183], como adiante se demonstrará, faz avultar a necessidade de o acordo de acionistas de comando levar em consideração outros interesses que gravitam em torno da empresa, principalmente tendo em vista as graves questões sociais existentes no Brasil, que, não só justificam, mas tornam prementes a busca pela realização dos objetivos constitucionais de solidariedade e justiça social.

3.2 – A funcionalização e a socialização dos institutos jurídicos.

A diretiva axiológica do novo constitucionalismo evidencia que o direito não mais se caracteriza por conceitos puramente abstratos ou generalizantes mas, ao contrário, se importa com a função que os institutos jurídicos desempenham, isto é, com os interesses e valores que realmente realizam, ou se propõem a realizar.

A partir do Estado Social, com ingerência do Estado nas relações privadas e a ruptura da distinção absoluta entre o Direito Público e o Direito Privado, surge o conceito de função no Direito, traduzindo a preocupação com a eficácia social dos institutos jurídicos.

---

interposto no STJ com a finalidade... Rel..Des.Ferdinaldo Nascimento. Julgado em 7 de dezembro de 2004.
[182] A referência aqui é à liberdade contratual, entendida, conforme a doutrina, como liberdade de fixar o conteúdo do contrato.
[183] GOMES. Orlando. Autonomia privada e negócio jurídico. **Novos Temas de Direito Civil**. Rio de Janeiro:Forense, 1983, p.84.

José de Oliveira Ascenção, observando que esta preocupação funcional é uma conquista do século XX, é taxativo no sentido de que a funcionalização dos institutos obriga a pessoa "agir não apenas com os outros, mas *para os outros*". Para ele, em "toda sociedade deve haver uma solidariedade que implique que a atuação de todos tenha reflexos positivos na ordem global", pressupondo que cada um, no uso de sua autonomia, beneficia o conjunto. [184]

Conforme já exposto, o Direito Privado deixa de ser o direito de defesa do indivíduo e de seu patrimônio para se tornar o conjunto de normas e princípios que regem atividades idôneas a satisfazer os interesses dos indivíduos e dos grupos organizados.[185] Nesse sentido, os fatos jurídicos são tutelados pelo direito na medida em que realizam os fins em vista dos quais o direito foi instituído.

É essa função econômico-social, que cada direito passa a possuir, que justifica a sua atribuição ao titular e define o seu exercício.[186] E ainda atua também como aspecto delimitador do seu conteúdo, como um limite à liberdade de contratar, nos precisos termos do art. 421 do Código Civil brasileiro.

A doutrina do abuso do direito bem exprime essa funcionalização, como ensina Mário Júlio de Almeida Costa, a propósito do art. 334 do Código Civil português que inspirou o art.187 do novo Código Civil brasileiro[187]. O artigo 187 refere-se ao fim econômico e social dos atos jurídicos,

---

[184] ASCENÇÃO, José de Oliveira.**Direito Civil.Teoria Geral.** v..1. 2.ed. Coimbra:Coimbra Editora, 2000, p.25.
[185] GIORGIANNI, Michele . O Direito Privado e suas fronteiras..., p.44.
[186] COSTA, Mário Júlio de Almeida Costa. **Direito das Obrigações.** 8.ed. rev. e aum. Coimbra: Almedina, 2000, p.77.
[187] O art. 334 do Código Civil português assim estabelece: "É ilegítimo o exercício de um direito, quando o titular exceda manifestamente os limites impostos pela boa fé, pelos bons costumes ou pelo fim social ou econômico desse direito." Por sua vez, o art. 187 do Código Civil Brasileiro assim dispõe: "Também comete ato ilícito o titular de um direito que, ao exercê-lo, excede manifestamente os limites impostos pelo seu fim econômico ou social, pela boa-fé e pelos bons costumes."

dispondo ser ilícito o ato manifestamente exercido além dos limites impostos por esse fim econômico e social.

Os arts. 187 e 421 do Código Civil brasileiro vêm assim positivar, a nível de legislação infraconstitucional, o fim econômico e social de todo e qualquer direito, consolidando a idéia do conteúdo valorativo dos direitos no sentido de que o exercício de um direito, acima da letra da lei, deve respeitar o seu espírito próprio, buscando realizar o ideal de justiça.

Cabe aqui observar, de acordo com a melhor doutrina, que a figura do abuso de direito alcança não apenas os direitos subjetivos, mas toda e qualquer situação subjetiva, como os direitos potestativos, os poderes jurídicos etc., cujo exercício deve ser realizado à luz dos valores consagrados no ordenamento civil-constitucional.[188]

Nessas condições, um ato praticado além dos limites fixados por seu fundamento axiológico ou em desconformidade com o sentido teleológico em que se funda o direito, seria abusivo e portanto contrário ao direito[189].

Não há mais dúvidas, portanto, de ser o entendimento atual no sentido de que "os poderes do titular de um direito

---

[188] Ver TEPEDINO, Gustavo, BARBOZA, Heloisa Helena e MORAES, Maria Celina Bodin de (Orgs.). **Código Civil interpretado conforme a Constituição da República.** v.1 Parte Geral e Obrigações (arts. 1º a 420). Rio de Janeiro: Renovar, 2004, p.342. Ver também CARPENA, Heloísa. O abuso do direito no Código de 2002.Relativização de direitos na ótica civil-constitucional. *In* TEPEDINO,Gustavo. (Org.) ***A parte geral do novo Código Civil.*** Rio de Janeiro: Renovar, 2003, p.393. Diz ela: " Quer se trate de liberdades, faculdades, direitos potestativos ou poderes, todos constituem vantagens, cuja configuração depende, em última análise, da estrutura qualificativa da norma jurídica. Logo, em relação a qualquer situação subjetiva será admitida a figura do abuso de direito, visto que nenhuma delas será jamais desprovida de fundamento axiológico." No mesmo sentido, também Mário Júlio de Almeida Costa, **Direito das Obrigações....**, p.75.

[189] CARPENA, Heloísa. O abuso do direito no Código de 2002.Relativização de direitos na ótica civil-constitucional. *In* TEPEDINO,Gustavo. (Org.) ***A parte geral do novo Código Civil.*** Rio de Janeiro: Renovar, 2003, p.391 e 380.

subjetivo estão condicionados pela respectiva função, ao mesmo tempo que se alarga a esfera dos direitos que não são conferidos no interesse próprio, mas no interesse de outrem ou no interesse social *(direito-função)*".[190] Ou seja, diferentemente dos direitos subjetivos tradicionais consolidam-se os poderes funcionais.[191]

Nessa mesma linha de entendimento, Fábio Konder Comparato observa que "função, em direito, é um poder de agir sobre a esfera jurídica alheia, no interesse de outrem, jamais em proveito do próprio titular"[192].

Para esse autor, o cumprimento da função de um instituto prende-se à consecução de suas finalidades legais, importando, assim, em cumprimento de deveres. E acrescenta: "assim também no que diz respeito ao poder de controle, na estrutura da sociedade anônima"[193], que será objeto de exame, no capítulo seguinte, considerando que o acordo de acionistas de comando é instrumento para exercício do controle. Essa questão da vinculação de qualquer situação jurídica à realização de seu fim econômico e social, sob pena de caracterização do ato abusivo, será objeto de apreciação no capítulo seguinte quando se tratará da função social do acordo de acionistas de comando. Como se verá, a lei das Sociedade por Ações expressamente responsabiliza o acionista controlador (o que, repita-se, abrange os acionistas reunidos no acordo de acionistas de comando) por atos praticados com abuso de poder, ou seja, os praticados em desacordo com suas finalidades econômico-sociais, o que,

---

[190] COSTA, Mário Júlio de Almeida.**Direito das Obrigações.** ...p.69.
[191] Mário Júlio de Almeida Costa, loc.cit., dá como exemplos nítidos dessa funcionalização no Direito Português o poder paternal e a tutela, que qualifica como autênticos poderes-deveres, e, no âmbito do direito das coisas, a limitação do proprietário à função social da propriedade.
[192] COMPARATO, Fábio Konder. A reforma da empresa.*:* **Direito empresarial. Estudos e pareceres.** São Paulo:Saraiva, 1990, p.9.
[193] COMPARATO, Fábio Konder; SALOMÃO FILHO, Calixto. **O poder de controle na sociedade anônima.**4.ed. Rio de Janeiro: Forense, 2005, p.363.

também como se verá, abrange interesses intra e extrassocietários.

Diante do exposto, conclui-se que o interesse é protegido enquanto atende não somente o interesse do titular, mas também o da coletividade. Daí porque, a regra é a existência de uma situação jurídica complexa, composta não só de poderes, mas também de deveres, obrigações, ônus, revelando a configuração solidarista do ordenamento brasileiro.[194]

Assim, o Código Civil brasileiro, ao explicitar, em seus artigos 187 e 421, a funcionalização dos institutos jurídicos, consagra, em lei ordinária, o entendimento de que a atividade privada, para merecer proteção jurídica, não basta ser lícita, mas deve, mais do que isso, corresponder também aos valores constitucionais em especial ao princípio da dignidade da pessoa humana, da solidariedade e da justiça distributiva.[195]

3.3 – Função social do contrato: conteúdo, fundamentos e limites

3.3.1 – Os artigos 187 e 421 do Código Civil consubstanciam cláusulas gerais

Uma das inovações importantes do novo Código Civil foi o de prever, ao lado das cláusulas regulamentares, definidoras de condutas, as cláusulas gerais. Tanto o art. 187 quanto o art. 421 do Código Civil brasileiro caracterizam-se como cláusulas

---

[194] Assim também pensa Pietro Perlingieri em relação ao direito italiano que, tal como o brasileiro, atribui a cada situação subjetiva uma função social. (**Perfis do Direito Civil. Introdução ao Direito Civil Constitucional.** ..., p.107).

[195] NEGREIROS, Teresa. **Teoria do Contrato. Novos Paradigmas**. Rio de Janeiro: Renovar, 2002, p.11 com sabedoria observa que "O processo de constitucionalização do direito civil implica a substituição do seu centro valorativo – em lugar do indivíduo surge a pessoa. E onde reinava, absoluta, a liberdade individual, ganha significado e força jurídica a solidariedade social"

gerais, ou seja, normas que, ao contrário das cláusulas regulamentares, não prescrevem uma certa conduta "mas, simplesmente, definem valores e parâmetros hermenêuticos [...] e oferecem ao intérprete os critérios axiológicos e os limites para a aplicação das disposições normativas".[196]

As cláusulas gerais vêm sendo cada vez mais utilizadas, constituindo, na verdade, uma tendência atual inevitável, dada à crescente complexidade e à rapidez das mudanças da realidade social contemporânea[197]. Seria algo irrealizável para o legislador prever todas as condutas sociais possíveis e regulá-las através das cláusulas regulamentares. Assim, a cláusula geral revela-se como instrumento extremamente útil à atualização do direito, permitindo que o intérprete, através dela, e com o apoio do legislador, decida sobre situações não previstas ou sequer por ele imaginadas, fazendo prevalecer os valores do ordenamento.[198]

---

[196] TEPEDINO, Gustavo. Crise de fontes normativas e técnica legislativa na parte geral do Código Civil de 2002. In **A parte geral do novo Código Civil.** 2.ed. rev. e atual. TEPEDINO, Gustavo(org.). Rio de Janeiro:Renovar, 2003, p. XIX.

[197] Paulo Luiz Netto Lôbo, após notar que os princípios e as cláusulas gerais sempre foram vistas com muita desconfiança pelo Estado Liberal, pelo temor da interferência dos juízes nas relações privadas, conclui que, "Todavia, para a sociedade em mudanças, para a realização das finalidades da justiça social e para o trato adequado do fenômeno avassalador da massificação contratual e da parte contratante vulnerável, constituem eles ferramentas hermenêuticas indispensáveis e imprescindíveis." In **Princípios Sociais dos Contratos no CDC e no Novo Código Civil.** Disponível em http://www.mundojuridico.adv.br/documentos/artigos/texto444.doc. Acesso em 5 de agosto de 2005.

[198] De acordo com aqueles que defendem a aplicação direta das normas constitucionais às relações privadas – entendimento que parece absolutamente consentâneo com o ordenamento jurídico brasileiro, como já exposto - as cláusulas gerais são inegavelmente úteis - inclusive porque representam o endosso do legislador ordinário (com o conseqüente prestígio ao princípio majoritário) à maior participação do juiz - mas não imprescindíveis. Não elide essa conclusão o entendimento de Paulo Luiz Netto Lôbo, exposto na nota de rodapé anterior, eis que o autor está também se referindo à indispensabilidade e imprescindibilidade dos princípios.

Importante ressaltar que, em razão de suas características, o conteúdo da cláusula geral só poder ser definido casuisticamente, mediante a consideração pelo julgador das circunstâncias do caso concreto.

Esse é um aspecto destacado por Heloísa Carpena ao tratar do "ato antissocial" (o ato abusivo, ou seja, aquele que não preenche o seu fim econômico-social[199]), observando que, diferentemente do ato ilícito, o ato antissocial, em decorrência da indeterminação dos conceitos que o informam, só pode ser identificado concretamente.

Assim o ato ilícito se caracteriza por violar disposição legal, revelando-se desde logo reprovado pelo ordenamento. O ato abusivo, ao contrário, mostra-se aparentemente exercido de forma regular, de acordo com a norma, mas sua qualificação como abusivo advirá da constatação de que o seu exercício ultrapassou os limites impostos pelo seu fim econômico-social, pela boa-fé ou pelos bons costumes.[200] Ou seja, mostrou-se em contradição com os valores que o ordenamento pretende, através daquele ato, realizar, pressupondo um exame valorativo das circunstâncias do caso concreto, a ser casuisticamente determinado pelo julgador. Nesse caso, o juiz é chamado a exercer um papel mais ativo, buscando a solução mais justa de acordo com a axiologia constitucional.[201][202]

---

[199] Heloísa Carpena ensina que o "ato abusivo consiste na atuação antissocial", em O abuso do direito no Código de 2002. Relativização de direitos na ótica civil-constitucional...p.392.

[200] António Menezes Cordeiro assim define os bons costumes e a boa-fé. "Os *bons costumes,* correspondentes à moral social da linguagem clássica portuguesa, traduzem um conjunto de regras de comportamento sexual, familiar e deontológico acolhidas, pelo Direito, em cada momento histórico. Não estando embora codificadas, tais regras provocam consenso em concreto, pelo menos em casos-limites. A *boa-fé*, produto de larga tradição histórica fundada no mais antigo Direito romano, exprime os valores basilares da ordem jurídica, vocacionados para intervir em cada caso concreto considerado."(**Tratado de Direito Civil Português**. I Parte Geral tomo I, 2.ed, Coimbra:Almedina, p.243)

[201] Ibidem, p.384.

A criticada insegurança jurídica que daí decorreria seria superada pela justiça do caso concreto, como também já se pretendeu demonstrar neste trabalho, acarretando para o operador do direito o ônus maior de fazer escolhas fundamentadas, racionais, considerando os valores compartilhados por toda a comunidade, expressos, explícita ou implicitamente, na Constituição[203]. É essa fundamentação das decisões, aliada à possibilidade de sua revisão, que garantem a segurança e não exclusivamente ou essencialmente a lei, porque esta é também passível de interpretações diversas[204], implicando sempre, como já destacado, uma escolha do julgador.

Observe-se, neste passo, que o legislador tem procurado reduzir a insegurança decorrente das cláusulas gerais, como evidenciam, por exemplo, os artigos 39 e 51 do Código de Defesa do Consumidor onde são, respectivamente, relacionadas hipóteses não exaustivas de práticas abusivas do fornecedor de produtos ou serviços e de cláusulas abusivas nos contratos de consumo. Da mesma forma, a Lei das Sociedades por Ações procurou dar maior concretude à obrigação que, como se examinará no capítulo seguinte, tem o controlador de fazer a empresa cumprir sua função social, relacionando exemplificativamente hipótese de modalidades de exercício abusivo desse poder, ou seja, em desacordo com a axiologia que inspira essa função atribuída ao controlador.

---

[202] COSTA, Mário Júlio de Almeida.**Direito das Obrigações.** ...p.78 também manifesta o seu entendimento de caber ao juiz determinar, caso a caso, quando o titular de um direito, ao exercê-lo, excede os limites do seu fim econômico e social.
[203] SILVA, Clóvis Veríssimo do Couto e. **A obrigação como processo.** São Paulo:Bushatsky, 1976, p. 28, citando Franz Wieacker, esclarece que as máximas, que penetram pela cláusula geral no corpo do direito público e privado, encontram-se em certos princípios constitucionais, nas concepções culturais claramente definidas e susceptíveis de serem objetivadas, na natureza das coisas e na doutrina e julgados acolhidos.
[204] GODOY, Cláudio Luiz Bueno de. **Função social do contrato:os novos princípios contratuais.** São Paulo:Saraiva, 2004, p. 187.

3.3.2 – O conteúdo e os fundamentos da função social do contrato.

Considerando que o significado e conteúdo específico da cláusula geral da função social do contrato só possam ser definidos diante do caso levado à apreciação do julgador, importa, então, para sua determinação no caso concreto, identificar que valores e princípios constitucionais devem nortear o julgador. Ou seja, que valores devem preencher o conteúdo da cláusula geral da função social do contrato e serem levados em consideração pelo operador do direito, na solução do caso concreto. Ou ainda, nas palavras de Carlos Alberto da Mota Pinto, o papel da doutrina e da jurisprudência para a efetivação das cláusulas gerais - o que naturalmente inclui o art. 421 do Código Civil (e também o parágrafo único do art. 116 da Lei nº 6.404/76) - é o de "fixação não de critérios fixos e apriorísticos, a que a lei inclusive se desse a estabelecer, mas de dados de conexão teleológica e valorativa."[205]

A leitura da doutrina a respeito da função social do contrato, seu conteúdo e fundamentos, revela ser possível concluir que os autores ora a examinam com ênfase na ótica da relação interna dos contratantes, ora na da relação externa, destacando os efeitos que o contrato produz seja em relação à coletividade seja em relação a determinados terceiros, ora sob as duas óticas.

Entre os que fazem a correspondência entre a função social do contrato e os efeitos que o contrato produz na coletividade, cite-se o Professor Miguel Reale,[206] para quem o princípio da função social do contrato relaciona-se ao

---

[205] PINTO, Carlos Alberto da Mota .**Cessão do Contrato.** São Paulo:Saraiva, 1985,p.257 *apud* GODOY, Cláudio Luiz Bueno de. **Função social do contrato:os novos princípios contratuais**. São Paulo:Saraiva, 2004, p. 187.

[206] REALE, Miguel. A função social do contrato. 20 de novembro de 2003. Disponível em http://www.miguelreale.com.br/artigos /funsoccont.htm. Acesso em 5 de agosto de 2005.

atendimento de interesses transindividuais, devendo o acordo de vontades representar um dos meios primordiais de afirmação de desenvolvimento da coletividade. Para o autor, após vincular o ato de contratar ao valor da livre iniciativa (art. 1º, inciso IV, da Constituição Federal), e considerando o disposto no art. 173 § 4º da Lei Maior, não é admissível contrato que, por exemplo, implique abuso do poder econômico, que vise à dominação de mercados e eliminação da concorrência ou o aumento arbitrário dos lucros.

Isto não significa para Miguel Reale que os interesses coletivos devam sempre prevalecer sobre os individuais mas sim que se deve combinar "o individual com o social de maneira complementar, segundo regras ou cláusulas abertas propícias a soluções eqüitativas e concretas".

Também Paulo Luiz Netto Lôbo[207] e Giselda M. Fernandes Novaes Hironaka[208] entendem que a doutrina da função social obriga a que os interesses individuais devem ser exercidos em consonância com os interesses sociais. Para esses autores, entretanto, os interesses coletivos prevalecem sobre os individuais. Paulo Luiz Neto Lôbo é taxativo ao afirmar que "não pode haver conflito entre eles pois os interesses sociais são prevalecentes."

Ambos[209] entendem dever ser o contrato instrumento de realização da justiça social, citando Paulo Luiz Neto Lobo o

---

[207] LÔBO, Paulo Luiz Netto. Princípios Sociais dos Contratos no CDC e no Novo Código Civil. Disponível em
http://www.mundojuridico.adv.br/documentos/artigos/texto444.doc.
Acesso em 5 de agosto de 2005.
[208] HIRONAKA, Giselda M. Fernandes Novaes. A função social do contrato. **Revista de Direito Civil.** São Paulo:Revista dos Tribunais, n. 45, p. 141-152, jul-set.1988,.
[209] Em palestra proferida antes da atual Constituição, Giselda M. Fernandes Novaes Hironaka, conforme artigo publicado sob o título, A função social do contrato, ob.cit., p. 148, menciona os contratos agrários previstos no Estatuto da Terra (Lei nº 4.504 de 30.11.64 e seu Regulamento, Decreto nº 59.566/66) como "exemplos magníficos de contratos aos quais tenha sido atribuída a qualidade funcional [...] de modo a promover o progresso e a

art. 170 da Constituição brasileira como determinante da submissão de toda a atividade econômica – "e o contrato é o instrumento dela" – à primazia da justiça social.

Nessa mesma linha, cite-se também Ruy Rosado de Aguiar Jr., para quem o "contrato deve ser visto como instrumento de convívio social e de preservação dos interesses da coletividade, onde encontra a sua razão de ser e extrai a sua força."[210] Nessa direção, o contrato é entendido como submetido aos princípios constitucionais da justiça social, solidariedade, livre concorrência, liberdade de iniciativa etc.[211] Ilustrativa desse seu entendimento é a hipótese por ele lembrada da cláusula, constante dos consórcios para aquisição de bens, relativa à previsão de devolução do numerário somente para o final do plano. Para o autor, essa cláusula é lícita e deve ser preservada porque atende o interesse social da "conservação dos consórcios como um instrumento útil para a economia de mercado, facilitando a comercialização das mercadorias, e estimulando a industrialização, finalidade esta que não deve ser desviada ou dificultada com o interesse imediatista do consumidor individual que se retira do grupo."[212]

Registre-se, no entanto, que tais autores também visualizam uma função social na relação interna do contrato, a qual deve assegurar a justiça comutativa[213], igualar substancialmente sujeitos desiguais[214] e assegurar a realização de seus fins e plena satisfação das expectativas válidas dos contratantes,

---

ascensão social aos usuários da terra e a assegurar a estabilidade da atividade agrária".
[210] AGUIAR JR., Ruy Rosado de. Projeto do Código Civil:as obrigações e os contratos. **Revista de Direito Renovar**. Rio de Janeiro:Renovar, n.15, p.19-35, set/dez 1999.
[211] AGUIAR JR., Ruy Rosado de. A boa-fé na relação de consumo. **Revista de Direito do Consumidor**. São Paulo: Rev.Tribunais, n. 14, abril/junho 1995, p.22.
[212] AGUIAR JR., Ruy Rosado de.A boa-fé na relação de consumo..., p.22.
[213] LÔBO, Paulo Luiz Neto. Princípios Sociais dos Contratos no CDC e no Novo Código Civil...
[214] HIRONAKA, Giselda M. Fernandes Novaes. A função social do contrato...p. 141.

amparadas pelo princípio da boa-fé[215]. Nesse aspecto o princípio da função social do contrato juntamente com os princípios da boa-fé objetiva e do equilíbrio contratual são considerados como limitadores ou mitigadores dos princípios clássicos da liberdade contratual, da obrigatoriedade e da relatividade dos efeitos dos contratos, todos decorrentes da centralidade da vontade prevalecente no pensamento liberal.

Gustavo Tepedino, entendendo que a liberdade de contratar "só se justifica na persecução dos fundamentos e objetivos da República, informadores da atividade econômica", quais sejam, o da dignidade da pessoa humana, o do valor social da livre iniciativa, o da solidariedade social e o da igualdade substancial, define a função social do contrato como princípio vinculado ao atendimento dos interesses coletivos, ou seja:

> [...] o dever imposto aos contratantes de atender – ao lado dos próprios interesses individuais perseguidos pelo regulamento contratual – a interesses extracontratuais socialmente relevantes, dignos de tutela jurídica, que se relacionam com o contrato ou são por ele atingidos. Tais interesses dizem respeito, dentre outros, aos consumidores, à livre concorrência, ao meio ambiente, às relações de trabalho.[216]

Antonio Junqueira de Azevedo[217] enfoca a doutrina da função social do contrato quanto aos efeitos que os contratos produzem em relação a terceiros, identificando-a como

---

[215] AGUIAR JR., Ruy Rosado de.A boa-fé na relação de consumo...p.22.
[216] TEPEDINO, Gustavo.Crise de fontes normativas e técnica legislativa na parte geral do Código Civil de 2002. *In* TEPEDINO, Gustavo(org.) **A parte geral do novo Código Civil.** 2.ed. rev. e atualiz. Rio de Janeiro:Renovar, 2003, p. XXXII.
[217] AZEVEDO, Antonio Junqueira de. Princípios do novo direito contratual e desregulamentação do mercado, direito de exclusividade nas relações contratuais de fornecimento, função social do contrato e responsabilidade aquiliana do terceiro que contribui para inadimplemento contratual.
Revista dos Tribunais. São Paulo:Revista dos Tribunais, n. 750, p.113-120, abr.1998.

limitadora do clássico princípio da relatividade dos contratos. O autor enfatiza que o contrato é um fato social, não se podendo concebê-lo como algo que só interessa às partes. Por essa doutrina, objetiva-se dupla finalidade: impedir tanto os contratos que prejudiquem a coletividade, como os "contratos contra o consumidor", quanto os que prejudiquem ilicitamente pessoas determinadas, como é o "caso das vendas das distribuidoras atravessadoras"[218].

Para o Professor paulista, a doutrina da função social do contrato acha-se determinada pelo inciso IV do art. 1º da Constituição que enumera como um dos fundamentos da República o valor social da livre iniciativa, impondo "ao jurista a proibição de ver o contrato como um átomo[...], desvinculado de tudo o mais."[219]

Teresa Negreiros, embora ressalve o significado da função social do contrato como funcionalização à ordem constitucional, aborda o aspecto restrito da função social do contrato como limitador da liberdade individual, no sentido de que terceiros que dele têm conhecimento são também obrigados a respeitá-lo. Ou seja, enfatiza a relação entre o princípio da função social do contrato e o clássico princípio da sua relatividade.

Nessa linha, concluindo que o princípio da função social desloca a vontade do centro da teoria contratual, a autora aponta como seus fundamentos constitucionais os valores sociais da justiça, igualdade e solidariedade e outros

---

[218] O autor chama de "atravessadoras" aqueles que, desrespeitando conhecido pacto de exclusividade de fornecimento, vendem combustível a postos de gasolina ligados contratualmente à determinada distribuidora de petróleo e derivados.
[219] AZEVEDO, Antonio Junqueira de. Princípios do novo direito contratual e desregulamentação do mercado, direito de exclusividade nas relações contratuais de fornecimento, função social do contrato e responsabilidade aquiliana do terceiro que contribui para inadimplemento contratual..., p.116.

essenciais à tutela da dignidade da pessoa humana no âmbito da ordem econômica.[220]

Autores como Eduardo Sens dos Santos, Paulo Nalin e Cláudio Luiz Bueno de Godoy bem explicitam a "dupla face" da doutrina da função social do contrato.

Para Eduardo Sens dos Santos, o contrato cumpre sua função social quando simultaneamente: i) respeita os princípios da autonomia privada (enfatizada na liberdade de contratar), da boa-fé objetiva (dever de eticidade, lealdade, colaboração[221], de não frustrar a confiança da outra parte[222]) e do equilíbrio contratual, que se relacionam "com a parte interna do acordo de vontades e que diz respeito, na maioria dos casos, apenas ao interesse privado"; e ii) atinge o bem comum (numa concepção mista, abrangendo "o bem do todo e o bem dos indivíduos"), que diz respeito a elemento externo ao contrato.[223]

Em consonância, conclui Eduardo Sens dos Santos que o conceito de função social do contrato deve guardar relação com dignidade do ser humano, o progresso da sociedade e a garantia dos direitos fundamentais.[224]

---

[220] NEGREIROS, Teresa.**Teoria do Contrato: Novos paradigmas**..., p. 205 e ss.
[221] Darcy Bessone, em obra publicada em 1960, já ensinava que todos os contratos modernamente são de boa-fé, criando os contratantes um clima de *colaboração recíproca.* Dizia o autor: "Cada contratante deve ao outro o auxílio necessário à boa execução da avença, assim como deve abster-se de qualquer ato que possa torná-la mais pesada ou onerosa." (**Do contrato.** Rio de Janeiro: Forense, 1.ed., 1960, p.245.)
[222] Para Fernando de Noronha, o princípio contratual da boa-fé consiste no dever de cada parte de agir de forma a não defraudar a confiança da contraparte. Ele é indispensável para a tutela da segurança jurídica, para garantia da realização das expectativas legítimas das partes. (**O direito dos contratos e seus princípios fundamentais.** São Paulo:Saraiva, 1994, p.18.)
[223] SANTOS, Eduardo Sens dos. A função social do contrato.Elementos para uma conceituação. **Revista de Direito Privado.** São Paulo:RT, n. 13, jan./mar.2003. p.109.
[224] Ibidem, p.110.

Paulo Nalin também entende que, para conceituar a função social do contrato, o atendimento do interesse coletivo não é suficiente. Assim, paralelamente a esse "perfil extrínseco" do contrato, atinente às "repercussões do contrato no largo campo das relações sociais"[225], que rompe com o princípio da relatividade dos contratos, o autor alude a um "perfil intrínseco" do contrato. Segundo esse perfil, os contratantes estariam obrigados à observância dos princípios da igualdade material, equidade e boa-fé objetiva, sob o fundamento da cláusula constitucional da solidariedade[226].

Por fim, o autor conclui que, a partir da Carta de 1988, "o núcleo do contrato reside na solidariedade e a sua causa codivide espaço entre os interesses patrimoniais inerentes ao contrato, enquanto instrumento de circulação de riquezas, e os interesses sociais"[227].

Do mesmo modo, Cláudio Luiz Bueno de Godoy refere-se a um conteúdo genérico *inter partes* e um conteúdo genérico *ultra partes* da função social do contrato. Sob o primeiro aspecto, considerando o contrato como forma de afirmação da pessoa humana, já que é através do contrato que se tem acesso a bens e serviços, o autor menciona a promoção da dignidade da pessoa humana e o solidarismo constitucional (traduzidos em igualdade substancial e atitude de colaboração) e a promoção da justiça distributiva.[228].

No que tange ao conteúdo genérico *ultra partes*, o autor, partindo do entendimento de que o contrato "em hipótese alguma pode ficar indiferente à sociedade em cujo seio se insere"[229], analisa também a questão sob o ponto de vista dos

---

[225] NALIN, Paulo. A função social do contrato no futuro Código Civil Brasileiro. **Revista de Direito Privado**.. São Paulo:RT, v.12, out/dez.2002, p.56.
[226] NALIN, loc.cit.
[227] NALIN, Paulo. A função social do contrato no futuro Código Civil Brasileiro ..., p. 57.
[228] GODOY, Cláudio Luiz Bueno de. **Função social do contrato:os novos princípios contratuais...**, *passim*.
[229] Ibidem, p. 133.

efeitos do contrato a quem dele não é parte, seja em relação a pessoas que dele têm conhecimento seja em relação à coletividade. Nesse sentido, concluindo que o contrato deve voltar-se à promoção de valores sociais, denomina tal eficácia externa de "eficácia social"[230].

Exposto, certamente de forma parcial, o pensamento doutrinário sobre a função social do contrato, pode-se, em resumo, observar que o contrato cumpre sua função social, na relação interna, quando a realização de seus fins resulta em justiça contratual, contribuindo assim para o desenvolvimento pessoal dos contratantes e impondo a terceiros que dele têm conhecimento a obrigação de respeitá-lo; simultaneamente, na relação externa, o contrato, no cumprimento de sua função social, deve atender aos interesses coletivos.

Veja-se o expressivo exemplo fornecido por Eduardo Sens dos Santos, dos efeitos maléficos trazidos por um contrato de financiamento rural com juros extorsivos, não só às partes contratantes quanto à comunidade em que vive o agricultor. A perda de renda da família do agricultor provocada pelo contrato acarretará inclusive que seus filhos não terão as mesmas condições de estudo "e, em conseqüência, a sociedade como um todo sofrerá o prejuízo de forma difusa"[231]. Neste caso, é patente a não realização pelo contrato de sua função social. O desequilíbrio provocado pelos juros extorsivos tornou a relação interna injusta, não permitindo o atingimento dos fins visados pelo agricultor, de desenvolvimento do seu negócio e o conseqüente crescimento pessoal e de sua família. No que tange aos efeitos externos do contrato, igualmente a coletividade em que o contrato se inseria, com a redução da capacidade de crescimento do agricultor, foi atingida direta e indiretamente, com a menor oferta de produtos no mercado, com a provável alta de preços daí decorrente, com perda de postos de

---

[230] Ibidem, *passim,* p.131-152.
[231] SANTOS, Eduardo Sens dos. A função social do contrato...p. 104.

trabalho, com a redução de coleta de impostos, acarretando, por isso tudo, a redução do progresso daquela comunidade.

Desse singelo e rico exemplo bem se pode concluir pela estreita vinculação entre a realização de valores constitucionais no aspecto individual do contrato e no seu aspecto social, coletivo, daí porque a realização da função social do contrato implica a promoção da tábua axiológica constitucional nos dois âmbitos.

Com razão Cláudio Luiz Bueno de Godoy ao concluir que, sendo os objetivos perseguidos os mesmos – o solidarismo e a dignidade humana – não se pode "separar uma função que seja social, de integração social, de outra individual, que seja de garantir condições de desenvolvimento pessoal dos indivíduos".[232] Com apoio em Norberto Bobbio, o autor, com procedência, conclui que a análise funcional do direito abrange as noções individual e social, atuando o Estado "de modo não só a controlar os comportamentos humanos mas a dirigi-los a certos objetivos queridos".[233]

Essa "dupla face" da função social do contrato igualmente se revela no acordo de acionistas de comando, embora, como se ressaltará no capítulo a seguir, os efeitos externos assumem nele um papel relevante dada a influência do acordo nos destinos da companhia e a obrigação que a lei (art.116, parágrafo único da Lei Acionária) impõe ao acionista controlador, de fazer a sociedade cumprir a sua função social, o que também implica a consideração de interesses extrassocietários.

3.3.3 – Os limites da função social do contrato.

Todo contrato destina-se, em primeiro lugar, a realizações de interesses individuais, de natureza patrimonial, os quais são orientados, de regra, pelo princípio da autonomia da vontade. Como já exposto, de há muito, esse princípio não é mais

---

[232] GODOY, Cláudio Luiz Bueno de. **Função social do contrato:os novos princípios contratuais....**, p.115.
[233] Ibidem, p. 116.

absoluto, haja vista a proliferação dos contratos de massa, onde a vontade de uma das partes não se manifesta no contrato, os contratos obrigatórios firmados com concessionárias de serviços públicos essenciais, os seguros obrigatórios, e as convenções coletivas de trabalho, que repercutem nos contratos individuais trabalhistas.

Tais considerações não significam, outrossim, o aniquilamento da liberdade humana, valor igualmente amparado na Constituição e essencial à tutela da dignidade humana. Assim, o fato de o contrato, além dos interesses individuais, dever harmonizar-se com os interesses sociais não significa que estes, em caso de conflito, devam prevalecer sempre e necessariamente sobre os interesses individuais.

O confronto entre a liberdade individual – que fundamenta a prevalência dos interesses individuais – e a solidariedade – que fundamenta a prevalência dos interesses sociais – há de ser apreciada em cada caso, mediante utilização da técnica interpretativa da ponderação, referida no capítulo segundo, tendo como norte a realização do princípio da dignidade da pessoa humana. Não se deve esquecer de que o contrato se configura também como instrumento de realização dos interesses existenciais e o interesse coletivo se realiza também quando atende o interesse da pessoa humana que compõe o todo.

São importantes nesse aspecto as lições de Maria Celina Bodin de Moraes em seu artigo intitulado "O princípio da solidariedade", após observar que o projeto constitucional substituiu a lógica individualista pela lógica solidarista "em que a cooperação, a igualdade substancial e a justiça social se tornam valores hierarquicamente superiores, subordinados tão somente ao valor precípuo do ordenamento, que está contido na cláusula da tutela da pessoa humana"[234]:

> Não se trata, como já se advertiu em outra oportunidade, somente de impor limites à

---

[234] MORAES, Maria Celina Bodin de. O Princípio da Solidariedade..., p. 189.

> liberdade individual, atribuindo inteira relevância à solidariedade social ou vice-versa: o princípio cardeal do ordenamento é o da dignidade humana, que se busca atingir através de uma ponderação que oscila entre os dois valores, ora propendendo para a liberdade, ora para a solidariedade. A resultante dependerá dos interesses envolvidos, de suas conseqüências perante terceiros, de sua valoração em conformidade com a tábua axiológica constitucional, e determinará a disponibilidade ou indisponibilidade da situação jurídica protegida.[235]

Francisco Amaral bem justifica a outorga ao Direito de uma função social, orientada pelo bem comum, "pela necessidade de se acabar com as injustiças sociais", observando que isso não implica anulação da pessoa humana, nem colide ou torna ineficazes os direitos subjetivos. Para ele "o exercício da função social do contrato conjuga a realização do princípio da autonomia privada com justiça social, sem prejuízo da liberdade humana", concluindo que:

> O Direito é, assim, chamado a exercer uma função corretora e de equilíbrio dos interesses dos vários setores da sociedade, para o que se limita em maior ou menor grau de intensidade, poder jurídico do sujeito, mas sem desconsiderá-lo, já que ele é, em última análise, o substrato político jurídico do sistema em vigor nas sociedades democráticas do mundo contemporâneo que se caracterizam, precisamente pela conjunção da

---

[235] Ibidem, p.189-190.

liberdade individual com a justiça social e a racionalidade econômica."[236]

Vê-se assim que os interesses sociais, aqui basicamente considerados a partir dos efeitos externos do contrato, não deverão ser de tal ordem que impliquem o aniquilamento da liberdade individual. Esta constatação é especialmente importante no caso dos acordos de acionistas de comando, cujo cumprimento de sua função social será essencialmente verificada em sua relação externa, haja vista o equilíbrio que costuma existir entre as partes do acordo. Desse modo, no capítulo que se segue procurar-se-á enfrentar a questão de que interesses deverão orientar a atuação dos acionistas controladores signatários do acordo de acionistas de comando: o dos acionistas, traduzidos na maximização dos lucros, ou o de outros atores estreitamente vinculados à atividade empresarial, como os empregados e os integrantes da comunidade onde a sociedade opera?

3.4 – A função social do contrato segundo a jurisprudência.

Em decisões dos Tribunais brasileiros, fundamentadas na doutrina da função social do contrato, é possível notar uma certa prevalência do princípio da função social do contrato como limitador da autonomia da vontade, e do princípio da força obrigatória do contrato dela decorrente, apto a permitir a interferência do juiz na relação interna dos contratantes para realizar a justiça contratual. Em algumas dessas decisões fica claro ainda o fato de terem sido levados em consideração a importância dos contratos para a promoção da pessoa humana e os efeitos de relevância social que produzem, como são os contratos para aquisição da casa própria, de seguro-saúde e de serviços educacionais.

---

[236] AMARAL, Francisco. Autonomia Privada. Disponível em http:www.cjf.gov.br/revista/numeo9/artigo5.htm. Acesso em 11 de janeiro de 2006.

Exemplo significativo é o acórdão do Superior Tribunal de Justiça, proferido no RESP.573059-RS, em que se discutia a oponibilidade ao agente financeiro de alienação de imóvel, e da cessão do respectivo contrato de financiamento de compra de imóvel pelo Sistema Financeiro de Habitação, sem a sua participação. O Tribunal, apesar da discordância expressamente manifestada pelo credor, entendeu ter havido sua concordância tácita ao receber as prestações do cessionário, aduzindo, conforme voto do Relator Ministro Luiz Fux, que "o Código Civil de 2002 inverte as prioridades e coloca o social à frente do individual". Ademais, destacando a importância, não mais prevalecente da vontade das partes, mas sim das repercussões e comportamentos sociais que objetivamente o contrato produz, o Relator observa que "a intenção é relativamente irrelevante, porque o que prevalece na interpretação é o elemento *objetivo*, ou seja, o contrato deve ser interpretado segundo os padrões socialmente reconhecíveis para aquela modalidade de negócio." Afinal, conclui que o princípio da força obrigatória dos contratos "sofre mitigação, uma vez que sua aplicação prática está condicionada por outros fatores, como v.g., a função social, as regras que beneficiam o aderente nos contratos de adesão e a onerosidade excessiva".[237]

Em outro acórdão, do qual foi Relatora a Ministra Nancy Andrighi, o Superior Tribunal de Justiça considerou excessiva a multa moratória de 10% em contrato de prestação de serviços educacionais, reduzindo-a para 2%, salientando, nos termos do voto da Relatora, que "a limitação da multa moratória incidente sobre mensalidades escolares determinada na origem encontra amparo na função social do contrato e se harmoniza até mesmo com o art. 413 do CC/02",

---

[237] BRASIL, Superior Tribunal de Justiça. Recurso Especial nº 573059/RS. Primeira Turma. Alienação de imóvel financiado pelo SFH.... Relator: Ministro Luiz Fux. Julgado em 14 de setembro de 2004.

que autoriza a redução da multa "tendo em vista a natureza e a finalidade do negócio"[238]

É também possível identificar a consagração dessa mesma perspectiva do princípio da função social do contrato em decisões dos Tribunais Estaduais do Rio de Janeiro e do Rio Grande do Sul, de que são exemplos os seguintes acórdãos:

a) do Tribunal de Justiça do Estado do Rio de Janeiro:

i) a Sétima Câmara Cível entendeu lícita, com base no princípio da função social do contrato, a revisão de contrato de *leasing*, indexado à variação cambial, por onerosidade excessiva, relativizando o princípio da imutabilidade dos contratos[239];

ii) a Sexta Câmara Cível considerou abusivo reajuste de mensalidade de seguro-saúde, "em razão da função social do contrato insculpida no art. 421 do Código Civil", mitigando o princípio do *pacta sunt servanda*[240];

iii) a Décima Primeira Câmara Cível, julgando recurso em que o apelante pedia a alteração da atividade do apelado para outra que não se identificasse com a dele, com fundamento em cláusulas do contrato de franquia, entendeu que tais cláusulas eram abusivas e excessivamente onerosas para o apelado, não devendo ser aplicadas "em face dos Princípios da Função Social do contrato e da Boa-Fé, que devem reger as

---

[238] BRASIL, Superior Tribunal de Justiça. Recurso Especial nº 476.649/SP. Terceira Turma. Consumidor Contrato de Prestação de serviços educacionais... Relatora: Ministra Nancy Andrighi. Julgado em 20 de novembro de 2003.
[239] RIO DE JANEIRO, Tribunal de Justiça. Apelação Cível 2004.001.08149. Sétima Câmara Cível. Ação Civil Pública.Direito do Consumidor.Contratos de leasing...Relator: Des.José Mota Filho. Julgado em 15.06.2004.
[240] RIO DE JANEIRO, Tribunal de Justiça. Agravo de Instrumento nº 2005.002.00830. Sexta Câmara Cível. Agravo de Instrumento.Antecipação de tutela.Seguro Saúde.Reajuste abusivo de mensalidade.
Relator:Des.Francisco de Assis Peçanha. Julgado em 04 de abril de 2005.

relações contratuais, nos termos dos artigos 421 e 422 do Código Civil vigente[...]"[241];

iv) a Décima Quarta Câmara Cível, numa hipótese de contrato de financiamento para aquisição de veículo automotor em que se pleiteava a revisão da cláusula contratual que previa a capitalização dos juros, aduziu que, além da impossibilidade de se invocar o ato jurídico perfeito contra disposição de lei, "o princípio da autonomia da vontade e *pacta sunt servanda* não são absolutos, podendo ser relativizado por princípios maiores: função social dos contratos e boa-fé objetiva."[242]; e

v) a Oitava Câmara Cível considerou flagrantemente contrária aos princípios da função social do contrato e da boa-fé objetiva a cláusula excludente de responsabilidade por dano moral contida em contrato de seguro. Segundo o voto do Relator, "a liberdade de contratar e o princípio da obrigatoriedade (pacta sunt servanda) foram mitigados em prol da dignidade da pessoa humana, posto que tal argumento não é mais absoluto e nem pode ser analisado isoladamente."[243]

b) do Tribunal de Justiça do Estado do Rio Grande do Sul:

i) a Décima Terceira Câmara Cível, julgando apelação em ação revisional de contrato de financiamento, autorizou a redução dos juros remuneratórios, com base no art. 6º,V, da Lei nº 8.078/90, que "consagra de forma pioneira o princípio da

---

[241] RIO DE JANEIRO, Tribunal de Justiça. Apelação Cível 2003.001.25333. Décima Primeira Câmara Cível. Apelação Civel. Da análise das peças exordiais...Relator Des.Luiz Eduardo Rabello. Julgado em 19.08.2004.
[242] RIO DE JANEIRO, Tribunal de Justiça. Apelação Cível 2004.001.21623. Décima Quarta Câmara Cível. Apelação Civil.Revisional de Cláusulas contratuais...Relator Des.Ferdinaldo do Nascimento. Julgado em 16 de novembro de 2004.
[243] RIO DE JANEIRO, Tribunal de Justiça. Embargos de Declaração no Agravo de Instrumento oriundo do STJ nº 577645/RJ(Apelação Cível nº2002.001.03059).Oitava Câmara Cível. Embargos de Declaração. Agravo de Instrumentointerposto no STJ....Relator: Des.Ferdinaldo Nascimento. Julgado em 7 de dezembro de 2004.

função social do contrato, relativizando o rigor do *pacta sunt servanda* e permitindo ao consumidor a revisão do contrato em duas hipóteses: por abuso contemporâneo à contratação ou por onerosidade excessiva derivada de fato superveniente (Teoria da Imprevisão)"[244]; e

ii) a Nona Câmara Cível, em processo no qual se discutia o valor da prestação de financiamento, no âmbito do Plano de Comprometimento de Renda do Sistema Financeiro da Habitação, a 30% da renda familiar (reduzida em razão do desemprego posterior da responsável pelo contrato), decidiu pela sua redução, reconhecendo a incidência sobre os contratos habitacionais, além do princípio da função social do contrato também de outros que igualmente prestigiam o homem e sua dignidade, como se lê no seguinte trecho de sua ementa, que repete, inclusive, partes da ementa do Acórdão proferido pela Primeira Turma do STJ, no Recurso Especial nº15.841/SP, julgado em 12 de março de 1998, de que foi Relator o Ministro José Delgado:

> [...] aos contratos regidos pelo Sistema Financeiro da Habitação, de trato sucessivo, aplica-se o Código de Defesa do Consumidor, sendo de se reconhecer a sua vinculação, também, além dos princípios gerais do sistema jurídico, como a função social e a justiça do contrato, a boa-fé objetiva e a não abusividade, aos seguintes princípios específicos, consoante jurisprudência do STJ: a) o da transparência, segundo o qual a informação clara e correta e a lealdade sobre as cláusulas contratuais ajustadas, deve imperar na formação do negócio jurídico; b) o de que as regras impostas pelo SFH para a formação dos contratos, além de serem obrigatórias, devem

---

[244] RIO GRANDE DO SUL, Tribunal de Justiça. Apelação Cível nº 70008794174. Nona Câmara Cível. Responsabilidade Civil. Acidente de trânsito... Relatora: Des.Angela Terezinha de Oliveira Brito. Julgado em 16 de dezembro de 2004.

ser interpretadas com o objetivo expresso de atendimento às necessidades do mutuário, garantindo-lhe o seu direito de habitação (art.6º da CF/88), sem afetar a sua segurança jurídica, saúde e dignidade; c) o de que há de ser considerada a vulnerabilidade do mutuário, não só decorrente da sua fragilidade financeira, mas, também, pela ânsia e necessidade de adquirir a casa própria e se submeter ao império da parte financiadora, econômica e financeiramente muitas vezes mais forte; d) o de que os princípios da boa-fé e da equidade devem prevalecer na formação do contrato. Nesse passo, é de ser reconhecida a abusividade, a iniquidade e a excessiva onerosidade da execução contratual que compromete mais de 30% da renda dos mutuários com apenas uma de suas necessidades básicas – a moradia-, em detrimento de todas as outras, não sendo razoável permitir-se a fraude ao sistema legal de comprometimento de renda em função de mera opção potestativa do banco quanto à negociação do contrato – especialmente quando decorrente das contingências sociais do desemprego em que se vê envolto o mutuário [...].[245]

Por outro lado, a perspectiva dos efeitos do contrato em relação a terceiros e a sua qualificação como instrumento de realização das escolhas valorativas constitucionais, entre as quais a da dignidade da pessoa humana e da solidariedade, tem sido contemplada na jurisprudência pátria.

---

[245] RIO GRANDE DO SUL, Tribunal de Justiça. Apelação Cível nº70005402060. Nona Câmara Cível. Apelação Cível.Sistema Financeiro da Habitação... Relator: Des.Adão Sérgio do Nascimento Cassiano. Julgado em 10 de novembro de 2004.

Exemplo clássico é o da possibilidade de vítima de acidente de veículo automotor acionar diretamente a seguradora do segurado causador do acidente. A Primeira Turma Recursal Cível do Tribunal de Justiça do Estado do Rio Grande do Sul, seguindo aliás orientação firme do Superior Tribunal de Justiça, considerou a seguradora parte legítima em ação proposta pela vítima do segurado em acidente de trânsito,

> tendo em conta a função social do contrato, prevista no art.421, do Código Civil, que tem sua inspiração no princípio constitucional da solidariedade, contemplado no art. 3º, I, da Constituição Federal, não podendo assim a Seguradora demandada afirmar não apresentar qualquer responsabilidade em face do terceiro prejudicado por seu segurado.[246]

Em julgamento, de 17 de agosto de 2005, a Décima Primeira Câmara Cível do Tribunal de Justiça do Estado do Rio de Janeiro deferiu pedido de antecipação de tutela para impedir reajuste de prestação de plano de saúde pela mudança de faixa etária. Além de considerar abusivo o reajuste de 164,91%, o Tribunal levou em consideração o fato de o segurado estar acometido de uma doença grave, fundamentando-se o acórdão no artigo 421 do Código Civil "estabelecendo que os contratos devem observar sua função social, afastando o princípio da autonomia da vontade, substituindo-se pelo interesse social", conforme voto do Relator Des. Luiz Eduardo Rabello[247]. Do mesmo modo, o Tribunal, em embargos infringentes, manteve a decisão recorrida que, em contrato de compra e venda indexado à taxa do dólar, alterava o índice de correção, para reaver o

---

[246] RIO GRANDE DO SUL, Tribunal de Justiça. Recurso Cível nº.71000586438 Primeira Turma Recursal Cível. Apelação Cível. Ação revisional de contrato de financiamento... Relator Des.Ricardo Torres Hermann. Julgado em 04.11.2004.
[247] RIO DE JANEIRO, Tribunal de Justiça. Agravo de Instrumento nº23.692/04. Décima Primeira Câmara Cível. Agravo de Instrumento.Ação de Obrigação de Fazer.Plano de Saúde...Relator Des.Luiz Eduardo Rabello. Julgado em 17 de agosto de 2005.

equilíbrio contratual, rompido com a maxidesvalorização do real frente à moeda estrangeira, com fundamento no art.6°,V, da Lei nº 8078/90. A axiologia do acórdão está bem retratada no seguinte trecho de sua ementa:

> As contratações, no tempo presente, perderam o caráter individualista de que se revestiram no passado e se impregnaram da indispensável idéia de função social, transformando-se em verdadeiros instrumentos de realização do bem estar de toda a sociedade.[248]

3.5 – Principais conclusões sobre o princípio da função social do contrato

De todo o acima exposto, entende-se, quanto ao contrato e sua função social, que não é possível apreciar separadamente o conteúdo da relação interna, com ênfase no enfoque individual, do da sua relação externa, com ênfase no enfoque social, na qual são considerados os efeitos que os contratos produzem relativamente a terceiros e à coletividade.

Para cumprir sua função social, o contrato, em sua relação interna, há de assegurar a igualdade substancial e a atuação ética das partes e o justo equilíbrio das prestações. Apenas se verificados tais pressupostos o contrato pode validamente projetar-se externamente e obrigar a que terceiros ajam de modo a não impedir que ele atinja seus fins, registrando-se que entre estes insere-se com prevalência a promoção do desenvolvimento da personalidade e a realização de projetos que dignificam a pessoa.

Entretanto, também como observado pela doutrina, não basta preencher tais atributos internos. O contrato, para cumprir

---

[248] RIO DE JANEIRO, Tribunal de Justiça. Embargos Infringentes nº 05/2002. Décima Sexta Câmara Cível. Embargos Infringentes.Modificação de cláusula de contrato de compra e venda de veículo...Relator: Des. Ronald Valladares. Julgado em 11 de março de 2003.

sua função social, há de também realizar um interesse coletivo, sendo certo que a centralidade da pessoa humana no ordenamento pátrio conduz à atual compreensão de o interesse coletivo assim se caracterizar "na medida em que se constitui em veículo de realização dos interesses das partes que o integram no presente e das que o integrarão no futuro".[249]

Sendo o contrato, como dito, um dos principais instrumentos da atividade econômica, tais conclusões encontram respaldo no art. 170, caput, da Constituição Federal, segundo o qual, o fim da ordem econômica é assegurar a todos existência digna, conforme os ditames da justiça social.

Nessas condições, o entendimento que se extrai é que, tanto sob o aspecto da relação interna do contrato quanto da relação externa, são os mesmos os princípios fundamentais que informam o conteúdo da função social do contrato, quais sejam os da dignidade da pessoa humana e o da solidariedade, a serem realizados na relação entre as partes e entre as partes e terceiros e a comunidade em geral.

O conteúdo e os fundamentos da cláusula geral da função social do contrato são assim preenchidos de acordo com a axiologia constitucional, o que conduz a que o ato antissocial, abusivo, ou seja, aquele que, ao se mostrar em contradição com os valores do ordenamento, não preenche o seu fim econômico e social, só possa ser definido casuisticamente, mediante a consideração pelo operador jurídico das circunstâncias do caso concreto.

O fato de o contrato, para ser socialmente funcionalizado, dever, tanto na sua relação interna quanto externa, realizar os valores constitucionais não implica dizer que, nesse mister, não possa um aspecto prevalecer sobre o outro em determinados contratos. Assim é que nos contratos de

---

[249] BANDEIRA DE MELLO, Celso Antonio. **Curso de Direito Administrativo**, 17.ed. rev. atualiz. São Paulo:Malheiros Editores, 2004, p.52/53.

trabalho, nas relações de consumo, nas locações, nas quais as partes não se situam em posição de igualdade há de se atentar mais à relação interna, com a proteção da parte mais fraca para assegurar a igualdade substancial, sendo certo que, desse modo, estar-se-á prestigiando não só o princípio da isonomia, mas também o da dignidade da pessoa humana, do qual aquele faz parte, permitindo a justiça do contrato.

Em outros, onde há o equilíbrio dos contratantes, como é o caso dos acordos de acionistas, a verificação do atendimento do interesse coletivo assume especial relevância. Ademais, esse fim torna-se ainda mais importante quando se considera a natureza parassocietária e acessória do acordo de acionistas, essencialmente vinculado ao pacto societário.

A escolha constitucional de ser o homem o valor fundante e central do ordenamento brasileiro leva inevitavelmente a essa conclusão: de ser ele a razão do novo contrato. Mesmo quando celebrados entre pessoas jurídicas, como, de regra, ocorre nos acordos de acionistas de comando, a promoção da dignidade da pessoa humana consubstancia, desse modo, o fim último do contrato.

O princípio da função social do contrato, juntamente com os princípios da boa-fé objetiva, da igualdade substancial e do equilíbrio das partes, funcionam como limitadores dos clássicos princípios contratuais, da liberdade contratual, da obrigatoriedade do contrato e da relatividade dos efeitos do contrato, todos decorrentes da centralidade da vontade no pensamento liberal.

A funcionalização da liberdade contratual aos interesses sociais, à realização da justiça social, amparada pelo valor da solidariedade, não importa em aniquilamento da pessoa e sua liberdade. Caberá ao juiz, diante das circunstâncias do caso concreto, ponderar o princípio da autonomia privada com o da justiça social, buscando a realização do princípio fundante do ordenamento, qual seja o da dignidade da pessoa humana.

CAPÍTULO IV – A FUNÇÃO SOCIAL DO ACORDO DE ACIONISTAS DE COMANDO E SUA RELAÇÃO COM A FUNÇÃO SOCIAL DA EMPRESA

Conforme o capítulo anterior, concluiu-se que o contrato, para atender a função social que o ordenamento lhe prescreve, deve não só promover a justiça contratual interna como também estar em sintonia com valores sociais.

Nessa linha, verificou-se que a funcionalização do contrato tanto deve ser atendida, na sua relação entre os contratantes, em que é primordialmente voltada para a realização dos próprios interesses, quanto nos efeitos que o contrato produz em relação a terceiros ou à coletividade, os quais se poderia chamar de interesses sociais ou coletivos.

Nessa conjugação de interesses individuais, informados pelos princípios constitucionais da liberdade - e também da solidariedade entre os contratantes - e dos interesses sociais ou coletivos, informados pelo princípio constitucional da justiça social - e também da solidariedade dos contratantes com a coletividade - que deve o contrato realizar, colocou-se a questão de saber quais os limites da função social do contrato, ou como harmonizar a liberdade com a solidariedade.

Esta questão assume especial relevância na hipótese de acordos de acionistas de comando, haja vista a sua estreita vinculação com os destinos da sociedade empresária e a inegável importância desta como meio de realização do progresso social e da pessoa humana.

Para a análise da função social do acordo de acionistas de comando, importante se torna, assim, identificar que interesses específicos o acordo de acionistas de comando pretende realizar, ou melhor, qual a sua função econômica.

4.1 – A função econômica do acordo de acionistas de comando

O acordo de acionistas de comando destina-se a regular relações jurídicas decorrentes da titularidade das ações de uma sociedade anônima, que não se caracterizam exclusivamente como patrimoniais. Além do direito de sua negociação, de participação nos lucros e no acervo da sociedade em caso de liquidação, direitos nitidamente de caráter patrimonial, as ações também asseguram ao acionista direitos políticos em relação à sociedade, neles se identificando primordialmente o direito de voto[250].

Tais características evidentemente estão refletidas no art. 118 da Lei nº 6.404/76, que, tratando da observância desses acordos pela sociedade, refere-se aos acordos de acionistas com objeto de natureza patrimonial - "a compra e venda de suas ações, preferência para adquiri-las" – e aos acordos de acionistas com objeto de natureza política – "exercício do direito de voto, ou do poder de controle" – dispondo que eles "deverão ser observados pela companhia quando arquivados na sua sede".

No que tange ao acordo de voto, Fábio Konder Comparato qualifica-o como técnica contratual de controle interno da companhia[251]. Com efeito, a finalidade, o efeito essencial do acordo de acionistas de comando, é o de exercer o controle da companhia, definido, no art.116 da Lei Acionária, como o poder de eleger a maioria dos administradores, dirigir as atividades sociais e orientar o funcionamento dos órgãos da companhia. Porém, quase que inexoravelmente vinculado ao

---

[250] Não se pode deixar de observar que o direito de voto do acionista também se funda na ação, ou seja, numa "fração de sua esfera patrimonial", nas palavras de Fábio Konder Comparato em **O poder de controle na sociedade anônima**. S.Paulo:Rev.dos Tribunais, 1976, fls. 191, a propósito da diferenciação entre o direito de voto do acionista e o direito de voto do cidadão.
[251] Fábio Konder Comparato em **O poder de controle na sociedade anônima...**, p.204.

objetivo do controle, o acordo de acionistas de comando também regula interesses patrimoniais.

Assim é que, para assegurar a permanência das ações representativas do controle em poder dos signatários do acordo ou de terceiros aceitos por eles, ou melhor, nas palavras de Antonio Pedrol "para obtener una verdadera efectividad del compromiso de voto en que se apoya[252]", os acordos de acionistas de comando invariavelmente contêm cláusulas que asseguram às partes o direito de preferência para a compra das ações. Ou ainda, se não puderem comprar as ações, e não desejarem se associar com o novo acionista, o direito de vender em conjunto com o acionista que recebeu uma oferta de compra (a chamada *tag along)* ou ainda o poder de exigir que suas ações sejam conjuntamente compradas pelo terceiro ofertante (a chamada *drag along).* Isto porque, ainda segundo as lições de Antonio Pedrol, "si los accionistas pudieron desprenderse de sus acciones libremente resultarían ilusorios en muchos casos los compromisos contraídos y el mando social perdería la estabilidad buscada".[253]

Outro exemplo de condição constante dos acordos de comando é a chamada cláusula de saída – *buy or sell.* Tal cláusula possibilita que, na hipótese de ocorrência de impasse entre os acionistas sobre importante deliberação a ser tomada no seio da sociedade, um sócio possa, nas mesmas condições de preço e pagamento, propor a compra das ações do outro ou oferecer as suas à venda ao outro, que deverá exercer uma das duas opções, superando a divergência e permitindo, desse modo, a continuidade da operação e o desenvolvimento da empresa.

Vê-se assim que a função dominante do acordo de acionistas de comando é a detenção e manutenção do controle de uma

---

[252] PEDROL, Antonio. **La anónima actual y la sindicación de acciones.** Madrid: Editorial Revista de Derecho Privado, 1969, p. 13.
[253] PEDROL, loc.cit.

sociedade anônima, objetivando com isso a estabilidade do controle e a preservação do respectivo poder que dele advém em relação à decisão dos negócios sociais.

Feitas essas considerações, entende-se pertinente apreciar a realização da função social do acordo de acionistas de comando tendo em vista a relação interna entre os signatários e a sua relação externa, que abrange basicamente os efeitos que produz na sociedade empresária.

4.2 – O atendimento da função social do acordo de acionistas de comando na relação interna dos contratantes.

O acordo de acionistas de comando é, de regra, firmado entre pessoas que se situam em posição de igualdade. Isto porque tais acordos geralmente se impõem em companhias de grande porte que demandam a conjugação de esforços e recursos para a implementação de seus projetos de implantação ou de expansão. De regra, seus signatários são pessoas jurídicas, titulares de participações acionárias expressivas, mas não suficientes para deter o controle dessas companhias. Daí a união das participações acionárias, mediante a assinatura do acordo, para possibilitar, além do aporte de recursos próprios de que o investimento necessita, o controle e a direção dos negócios da companhia. Nessas condições, o princípio da igualdade substancial, um dos valores constitucionais realizados pela função social do contrato na relação interna, é de regra encontrado nos acordos de acionistas de comando.

Outrossim, da característica de contrato plurilateral do acordo de acionistas de comando, isto é, como já tratado no capítulo primeiro, de contrato que tem por fim a realização de um fim comum - no caso, repita-se, o exercício do controle da companhia - decorre que os direitos e obrigações das partes não se colocam de uma parte em relação à outra, "mas para com todas as outras"; cada signatário do acordo de acionistas de comando "adquire direitos, não para com 'uma' outra, mas para com 'todas' as outras". [254]

Ao contrário dos contratos bilaterais, em que as prestações de cada parte se apresentam numa relação de correspectividade, de interdependência, em que a obrigação de cada parte constitui a razão de ser da outra parte[255], nos acordos de acionistas que têm por objeto o exercício do direito de voto ou do poder de controle, qualificados como plurilaterais, essa relação existe levando em conta obrigações e direitos de cada parte perante todas as demais. [256]

Dessa característica especial do acordo de acionistas de comando, em especial quanto às condições estabelecidas para o exercício do direito de voto, podem-se extrair duas conclusões em relação à realização do princípio da função social do contrato na sua relação interna: é irrelevante o princípio do equilíbrio das prestações, já que não há correspectividade entre elas, e, por outro lado, avulta de importância o princípio da boa-fé objetiva, haja vista o escopo comum.

Com efeito, objetivando os signatários do acordo de acionistas de comando um fim comum, cresce a obrigação de, na relação interna, atender os deveres anexos que decorrem do princípio da boa-fé objetiva, quais sejam, o de agir com intuito de cooperação, de colaboração, com lealdade, com transparência, com coerência, estabelecendo uma relação de confiança recíproca. Se o valor constitucional da solidariedade impõe às partes nos contratos bilaterais o dever de agir com colaboração, com muito mais razão estão elas obrigadas, por força do mesmo princípio, a assim agir nos acordos de acionistas de comando, eis que neles a coincidência de propósitos obriga naturalmente a que se adote essa atitude.

---

[254] ASCARELLI, Tullio. O contrato plurilateral. **Problemas das Sociedades Anônimas e Direito Comparado**, 2.ed., São Paulo: Saraiva, 1969, p. 268.
[255] COSTA, Mário Júlio de Almeida.**Direito das Obrigações.** ..., p.320.
[256] ASCARELLI, Tullio. O contrato plurilateral..., p. 277

Desse modo, o descumprimento dessa obrigação – de agir, em resumo, com ética – pode implicar a resolução do acordo de acionistas por descumprimento contratual.

Exemplo expressivo desse entendimento está contido em acórdão do Superior Tribunal de Justiça[257], numa hipótese em que uma parte signatária de acordo de acionistas propôs ação contra a outra, pleiteando a resolução do acordo por ter-se rompido a *affectio societatis*. O Tribunal *a quo*, cujo acórdão foi integralmente mantido pelo STJ, confirmou a procedência da ação, justificando o "incumprimento do acordo por uma das empresas nele figurantes, que passou a agir abertamente, contra a cooperação e interesse comuns", com violação "de dever básico aos chamados contratos ou negócios jurídicos plurilaterais". Aduz ainda o acórdão recorrido, conforme transcrito no voto do Ministro relator Sálvio de Figueiredo Teixeira:

> O que diferencia a demanda em julgamento é a característica de plurilateralidade, o que implica em tratamento próprio, distinto daquele dos contratos unilaterais ou bilaterais.
>
> Ao passo que nos contratos bilaterais há interesses contrapostos, nos contratos plurilaterais, exatamente ao contrário, as prestações dirigem-se à obtenção de fim comum.

O Ministro relator não conheceu do recurso, consignando, em seu voto, que a quantidade de feitos entre as partes "relativos à mesma questão [...] evidenciam com eloqüência a ausência de confiança e quebra do dever de cooperação e lealdade

---

[257] BRASIL. Superior Tribunal de Justiça. Recurso Especial nº 388.423 – RS. Quarta Turma. Sociedade Anônima. Acordo de Acionistas. Resolução com base na quebra da *affectio societatis* e do dever de lealdade e cooperação entre os convenentes...Relator: Ministro Sálvio de Figueiredo Teixeira. Julgado em 13 de maio de 2003.

entre as partes do acordo de acionistas de que se cuida, justificando a solução adotada pelas instâncias ordinárias."

Embora em nenhum momento o acórdão faça referência expressa ao princípio da boa-fé objetiva ou da função social do contrato, os seus fundamentos implicitamente a ele se referem, sendo os deveres de "confiança", de "lealdade" e de "colaboração", mencionados no acórdão, inequívocas manifestações daquele princípio.

4.3 – O atendimento da função social do acordo de acionistas de comando na relação externa dos contratantes.

Passa-se, a seguir, à apreciação da função social do acordo de acionistas de comando, a partir da relação externa dos contratantes. Sob esse aspecto, examinar-se-ão os efeitos que o acordo produz na sociedade empresária, ainda que nela não formalmente arquivado, mas do qual a companhia tinha conhecimento. Ademais, considerando que a sociedade empresária é a natural destinatária das condições de voto pactuadas no acordo de acionistas de comando, analisar-se-á a relação da função social do acordo de acionistas de comando com a função social da empresa e os desdobramentos daí resultantes.

4.3.1 – A sociedade deve zelar pelo cumprimento das condições do acordo das quais tem conhecimento, ainda que não formalmente arquivado em sua sede

O acordo de acionistas, como se viu no primeiro capítulo, qualifica-se ainda como contrato parassocial, ou seja de contrato que, embora distinto, se destina a produzir efeitos no âmbito da sociedade. Esta natureza do acordo de acionistas assume relevo no acordo de acionistas de comando eis que o exercício do direito de voto, tal como nele regulado, dar-se-á em órgão da sociedade, a assembléia-geral, contribuindo assim para a formação da vontade societária.

O art. 118 da Lei Acionária vincula a sociedade à observância dos termos do acordo sobre as matérias indicadas no artigo, quando arquivados na sua sede. Como ensina Fábio Konder Comparato, "o arquivamento do instrumento do acordo na sede da companhia procura estender à própria sociedade os efeitos da convenção naquilo em que ela entende, diretamente, com o seu funcionamento regular, isto é, o exercício do voto em assembleia"[258].

O entendimento da doutrina da função social do contrato que obriga terceiros que têm conhecimento do seu teor a também respeitá-lo, no sentido de que não podem contribuir para o seu descumprimento, foi defendida por Luiz Gastão Paes de Barros Leães em hipótese na qual o acordo, embora não formalmente arquivado na sede da sociedade, tinha sido entregue a seu presidente que o guardou num cofre da companhia.

Nesse sentido, o autor argumentava que todo negócio jurídico, embora se trate de uma relação entre as partes, "ocupa um espaço cuja existência não pode ser ignorada por terceiros, visto que muitas vezes representa um antecedente de fato de um efeito sofrido pelos mesmos." Acrescentava, ainda, citando Ihering, que o negócio jurídico "representa *um fato da vida jurídica, que como tal produz efeitos reflexos necessariamente sobre terceiros*", desde que estes tenham conhecimento da relação jurídica da qual não fazem parte.[259]

Luiz Gastão Paes de Barros Leães, após destacar serem os acordos de acionistas contratos parassociais, que operam à

---

[258] COMPARATO, Fábio Konder. Validade e eficácia de acordos de acionistas.Execução específica de suas estipulações. **Novos ensaios e pareceres de Direito Empresarial**. Rio de Janeiro:Forense, 1981, p.60.

[259] LEÃES, Luiz Gastão Paes de Barros. Exposição e Consulta – Do negócio jurídico ao contrato – Relatividade dos contratos e produção de efeitos em terceiros – Oponibilidade a terceiros e regime de publicidade – Acordo de acionistas e regime de publicidade - O acordo de acionistas do banco.- O arquivamento do acordo de acionistas de 8.10.76 – A desnecessidade da confirmação do acordo de 8.10.76 – A denúncia qualificada do acordo de acionistas – Conclusão. **Revista Forense,** Rio de Janeiro, ano 83, v.297, jan/mar 1987, p. 161-168.

margem da sociedade, observa que eles "produzem efeitos reflexos no seio da própria sociedade, visto que adentram o campo privado dos direitos dos sócios *enquanto sócios.*" Para esse fim, segundo o jurista, determina a lei acionária o arquivamento do acordo na sociedade, mas não explicita a respectiva forma, daí qualquer ato ou fato exteriorizador do envio e da respectiva recepção seriam suficientes para inferir que o registro se operou[260].

Esta questão foi levada à apreciação do Superior Tribunal de Justiça, no RESP. nº 23.668-3[261], cuja decisão restou por endossar o parecer de Luiz Gastão de Barros Leães. Com efeito, o relator, Ministro Eduardo Ribeiro, em seu voto, observa que, "tratando-se de acordo de acionistas, dificilmente seria confiado à sociedade, simplesmente para custodiá-lo. A entrega há de presumir-se visando a que sejam alcançadas as finalidades próprias". Pode-se assim afirmar que a hipótese representa exemplo denotativo da doutrina da função social do contrato, em sua relação externa, no sentido de que terceiros também devem respeitar os termos do contrato do qual têm conhecimento, abrandando o princípio liberal da relatividade dos efeitos do contrato.

4.3.2 – Os efeitos dos acordos de acionistas de comando vinculam-se necessariamente aos destinos da sociedade empresária e ao cumprimento de sua função social

A celebração de qualquer contrato pressupõe, desde logo, que o comprometimento das partes tem em vista primordialmente a realização de interesses individuais.

---

[260] LEÃES, Luiz Gastão Paes de Barros. Exposição e Consulta – Do negócio jurídico ao contrato – Relatividade dos contratos e produção de efeitos em terceiros – Oponibilidade a terceiros e regime de publicidade – Acordo de acionistas e regime de publicidade - O acordo de acionistas do banco.- O arquivamento do acordo de acionistas de 8.10.76 – A desnecessidade da confirmação do acordo de 8.10.76 – A denúncia qualificada do acordo de acionistas – Conclusão. **Revista Forense.** Rio de Janeiro, ano 83, v.297, p. 161-168, jan/mar 1987, *passim.*

[261] BRASIL. Superior Tribunal de Justiça. Recurso Especial nº 23.668-3/MG. Terceira Turma. Acordo de Acionista. Arquivamento... Relator: Ministro Eduardo Ribeiro. Julgado em 16.2.1993.

Quando se convenciona no acordo de acionistas de comando a organização do controle de uma companhia, seus signatários objetivam primordialmente a realização de interesses individuais, essencialmente pertinentes à preservação e valorização de seu patrimônio representado pelas ações e do poder que delas advêm.

No capítulo anterior, concluiu-se, entretanto, que a realização dos interesses individuais através dos contratos merece proteção jurídica, na medida em que vão ao encontro e dão concretude aos valores e objetivos fundamentais previstos na Constituição brasileira, entre os quais se destacam a pessoa humana e a justiça social.

No caso do acordo de acionistas de comando, esse confronto entre interesses individuais e os interesses não só da companhia, como também de outros que gravitam em torno dela, assume importante significado, se for considerado que o pactuado no acordo de acionistas de comando destina-se, por natureza, à produção de efeitos externos, em razão essencialmente da sua natureza de contrato parassocial e acessório do contrato de sociedade.

Sobre o assunto, Modesto Carvalhosa é de opinião que a função dos acordos de acionistas, considerando a sua qualidade de pacto parassocial, é a de implementar, no âmbito da companhia, interesses individuais, utilizando-se dos instrumentos jurídicos desta. Aduz, entretanto, que nesse mister não podem tais interesses sobrepor-se aos da própria companhia.[262]

Do mesmo modo, para Antonio Pedrol, os interesses considerados no acordo de acionistas são exclusivamente *ut singuli*, diferentemente do contrato de sociedade no qual apenas o interesse social há de ser objetivado. O fato de, afinal, os interesses individuais coincidirem com os interesses

---

[262] CARVALHOSA, Modesto. **Acordo de Acionistas**...,*passim*.

sociais não bastaria para descaracterizar o interesse individual que inspira o acordo.[263]

O jurista português, José de Oliveira Ascenção, por sua vez, entende ser "indispensável que o acordo sirva o interesse social, e não interesses estranhos".[264]

No Brasil, essa questão adquire maior importância, considerando que o grupo de pessoas vinculadas por acordo de voto, com o fim de deter e exercer o controle da companhia, configura acionista controlador[265], consoante o disposto no parágrafo único do art. 116 da Lei nº 6.404/76, *in verbis:*

> Parágrafo único - O acionista controlador deve usar o poder com o fim de fazer a companhia realizar o seu objeto e cumprir sua função social, e tem deveres e responsabilidades para com os demais acionistas da empresa, os que nela trabalham e para com a comunidade em que atua, cujos direitos e interesses deve lealmente respeitar e atender.

A leitura desse artigo deixa claro, na legislação ordinária, os deveres impostos ao acionista controlador. Para Fábio Konder Comparato[266], é justamente o atendimento desses deveres que legitima o poder do controlador de agir na esfera jurídica da sociedade; ou, segundo ensinamentos de Mário

---

[263] PEDROL, Antonio. **La Anónima actual y la sindicación**...p.19/20.
[264] ASCENÇÃO, José de Oliveira. **Direito Comercial.** v.4. Sociedades Comerciais. Lisboa: [S.n.], 2000, p. 294.
[265] "Art.116 Entende-se por acionista controlador a pessoa, natural ou jurídica, ou grupo de pessoas vinculadas por acordo de voto, ou sob controle comum, que: a) é titular de direitos de sócio que lhe assegurem, de modo permanente, a maioria dos votos nas deliberações da assembléia-geral e o poder de eleger a maioria dos administradores da companhia; e b) usa efetivamente seu poder para dirigir as atividades sociais e orientar o funcionamento dos órgãos da companhia."
[266] COMPARATO, Fábio Konder. A reforma da empresa. *In:* **Direito empresarial.Estudos e pareceres. São Paulo:Saraiva, 1990,** p.9.

Júlio de Almeida Costa[267], o poder do controlador caracteriza o "direito-função", atribuído no interesse de outrem ou no interesse social.

O citado art. 116, parágrafo único, constitui lapidar exemplo da funcionalização dos institutos jurídicos, configurando "uma situação jurídica complexa, composta tanto de poderes quanto de deveres, obrigações e ônus"[268].

A expressa vinculação estabelecida pelo legislador ordinário entre os deveres do acionista controlador e o cumprimento pela empresa de sua função social, abrangendo outros interesses, que não apenas o de produzir lucros para distribuir a seus acionistas, impõe o exame específico do conteúdo e dos limites da função social da empresa, de que se tratará a seguir.

4.4 – A função social da empresa. A teoria institucionalista.

O debate sobre a questão da função social da empresa, impondo às sociedades, em especial às companhias, a consideração de outros interesses a par do interesse individual de obter lucro para distribuir a seus acionistas, não é novo.

Fábio Konder Comparato dá notícia de uma conferência pronunciada em Berlim, em 1926, por Lord Keynes, assinalando a tendência da grande companhia de "'se socializar a si mesma', aduzindo que os chefes de emprêsa acabam se reconhecendo como titulares de deveres para com a emprêsa e a comunidade em geral, e não mais como simples gestores dos fundos sociais por conta dos acionistas."[269]

---

[267] COSTA, Mário Júlio de Almeida. **Direito das Obrigações**...p.69.
[268] PIERLINGIERI, Pietro. **Perfis do Direito Civil**...p.'107.
[269] COMPARATO, Fábio Konder. **Aspectos jurídicos da macro-empresa.** São Paulo:Rev.dos Tribunais,1970, p.56.

Em artigo publicado em 1970, ou seja, antes mesmo da atual Lei das Sociedades por Ações de 1976, Jozé Cândido Sampaio de Lacerda já observava que o comércio devia ser concebido como "conjunto de atividades humanas que serve para favorecer o desenvolvimento econômico dos povos", afastando-se, desse modo, o conceito tradicional de que o comércio visava lucros. Naquela oportunidade, Sampaio de Lacerda transcrevia os ensinamentos do Professor da Universidade de Bruxellas, Jean Van Ryn, no sentido de que "o espírito de lucro cessou de ser o móvel essencial da atividade econômica e, por conseguinte, não mais é ele a alma do direito comercial."[270]

Oscar Barreto Filho, em artigo publicado em 1973, já propugnava a reformulação do Direito Mercantil trazendo para seu centro a empresa, com a atribuição a ela de "um sentido axiológico que transcende os limites do Direito Mercantil", considerando-a como "organização de pessoas e de coisas destinadas à satisfação das necessidades humanas de bens e serviços".[271]

Embora a anterior legislação pertinente às sociedades anônimas, o Decreto-lei nº 2.627/1940, já dispusesse, no §7º do art. 116, que os diretores deveriam "empregar, no exercício de suas funções, tanto no **interesse da empresa, como no do bem público**, a diligência que todo homem ativo e probo costuma empregar, na administração de seus próprios negócios" (grifou-se), o interesse social da sociedade anônima ainda era visto como coincidente com o interesse dos acionistas de produzir lucros para remunerar o capital aportado por aqueles[272].

---

[270] SAMPAIO DE LACERDA, Jozé Cândido. **Lições de Direito Comercial Terrestre.** Primeira Série- Rio de Janeiro:Forense, 1970, p.13.
[271] BARRETO FILHO, Oscar. A dignidade do Direito Mercantil. **Revista de Direito Mercantil Industrial, Econômico e Financeiro.** São Paulo:Revistados Tribunais,1973, n.2, Nova Série, p.18.
[272] Trajano de Miranda Valverde, autor da anterior lei acionária e respeitado comentarista dela, em sua obra **Sociedades por Ações,** v.2, 3.ed., Rio de Janeiro:Forense, 1959, assim se manifesta às fls. 307,

Na exposição de motivos da atual Lei nº 6.404/76, ficou expressa, entretanto, a sua diretriz quanto aos interesses que são atingidos pela sociedade empresária numa economia capitalista, ao afirmar, em relação aos deveres dos administradores, previstos no *caput* do art. 154[273], que:

> Não é mais possível que a parcela de poder, em alguns casos gigantesca, de que fruem as empresas – e, através delas, seus controladores e administradores – seja exercida em proveito apenas de sócios majoritários ou dirigentes, e não da companhia, que tem outros sócios, e em detrimento, ou sem levar em consideração os interesses da comunidade[274].

Nessa mesma linha, quanto aos deveres dos acionistas controladores, justificou o disposto no parágrafo único do art.116 retromencionado, no sentido de que

> o exercício do poder de controle só é legítimo para fazer a companhia realizar o seu objeto e cumprir sua função social, e enquanto respeita e atende lealmente aos direitos e interesses de todos aqueles vinculados à empresa – os que nela trabalham, os acionistas minoritários, os

---

evidenciando o entendimento de que produzir lucros constitui o fim último das companhias: "Aos administradores, com efeito, incumbe, antes de tudo, cumprir tôdas as prescrições legais ou estatutárias, indispensáveis ao funcionamento normal da sociedade, sob o ponto de vista jurídico, bem como aparelhá-la com os meios destinados à exploração do seu objeto, à produção do rendimento almejado."

[273] O *caput* do art.154 da Lei 6.404/76 assim dispõe: "O administrador deve exercer as atribuições que a lei e o estatuto lhe conferem para lograr os fins e no interesse da companhia, satisfeitas as exigências do bem público e da função social da empresa".

[274] LAMY FILHO, Alfredo; PEDREIRA, José Luiz Bulhões. **A Lei das S.A. Pressupostos elaboração. ...**, p.243.

investidores de mercado e os membros da comunidade em que atua[275].

Além desses artigos, mencione-se ainda o art. 117, §1º, a, que considera modalidade de exercício abusivo de poder pelo controlador "orientar a companhia para fim estranho ao objeto social ou lesivo ao interesse nacional, ou levá-la a favorecer outra sociedade, brasileira ou estrangeira, em prejuízo da participação dos acionistas minoritários nos lucros, no acervo da companhia, ou da economia nacional."

A apreciação dos artigos acima citados da Lei nº 6.404/76, que impõem aos controladores e administradores a consideração dos interesses de todos os participantes da empresa, além dos interesses da comunidade local, regional ou nacional, sempre foi feita pelos comercialistas, em geral, a partir de teorias institucionalistas, razão pela qual cabe algum comentário sobre elas.

Alberto Asquini, em artigo clássico, sem pretender, como menciona, "romper a unidade do conceito de empresa como fenômeno econômico e portanto com matéria de direito"[276], faz referências a diversos perfis da empresa a partir dos diversos elementos que a integram, entre os quais o perfil corporativo, considerada a empresa como instituição. O autor, tendo em vista a legislação italiana[277], não tem dúvida em conceituar a empresa sob o perfil corporativo como

> um núcleo social organizado, em função de um fim econômico comum, no qual se fundem os fins individuais do empresário e dos

---

[275] Ibidem, p.238.
[276] ASQUINI, Alberto. Perfis da empresa.(Profili dell'impresa, in Revista del Diritto Commerciale, 1943, v.41, I, Tradução de Fábio Konder Comparato) .**Revista de Direito Mercantil, Industrial, Econômico e Financeiro.** São Paulo:Revista dos Tribunais, n.104, outubro/dezembro de 1996, p.125.
[277] Entre os diversos artigos do Código Civil citados, Alberto Asquini refere-se, às fls. 122, ao "que diz que o empresário é o 'chefe da empresa' (art.2086) e que os empregados têm perante o empresário a obrigação de obediência e fidelidade, com as relativas sanções disciplinares (arts.2104,2105,2106)."

singulares colaboradores: a obtenção do melhor resultado econômico, na produção. A organização se realiza através da hierarquia das relações entre o empresário dotado de um poder de mando – e os colaboradores, sujeitos à obrigação de fidelidade no interesse comum[278].

Tal perfil leva, segundo o jurista italiano, a enquadrar a empresa como instituição, tendo como referência a noção elaborada pelo direito público, significando "toda organização de pessoas –voluntária ou compulsória – embasada em relações de hierarquia e cooperação entre os seus membros, em função de um escopo comum."[279]

Desse entendimento, resulta claro que, para Alberto Asquini, não se destina a empresa à realização apenas dos interesses dos acionistas. Na empresa encontra-se, entre outros, um elemento característico da instituição: "o fim comum, isto é, a conquista de um resultado produtivo, socialmente útil, que supera os fins individuais do empresário (intermediação, lucro) e dos empregados (salário)"[280].

Antonio Pedrol, tratando das teorias institucionalistas, encontra nelas um denominador comum, qual seja, o de "que existe un interes social independiente o, por lo menos, no totalmente identificado con el común interés de los sócios"[281]. Entre tais teorias, destaca a de Walter Rathenau, chamada da empresa considerada em si mesma, ou teoria da empresa em si. Segundo essa teoria, a empresa se constitui por um conjunto de interesses: além dos interesses dos acionistas coexistem dentro dela os interesses dos empregados, dos consumidores e o interesse coletivo no desenvolvimento da economia nacional. Assim, o objeto da empresa se converte em um fim e "motiva el reconocimiento de un interés social

---

[278] Ibidem, p.122.
[279] Ibidem, p.123.
[280] Ibidem, p.124.
[281] PEDROL, Antonio. **La Anónima Actual**...p.109.

con existencia autónoma y con jerarquía superior a la suma de los intereses de los sócios". La finalidad ya no es la obtención de lucro, sino el mejor desarrollo de la Empresa" [282].

O jurista espanhol diferencia as teorias institucionalistas das teorias contratualistas exatamente no fato de as teorias institucionalistas admitirem na sociedade anônima outros interesses ao lado dos interesses capitalistas da sociedade. As teorias contratualistas contemplam a sociedade exclusivamente como um contrato entre os sócios, devendo os sócios, ao votar, desprender-se de toda motivação extrassocial e votar somente inspirado no interesse da sociedade.[283]

As características das teorias institucionalistas, no sentido de, além dos interesses dos sócios, deverem as companhias considerar outros interesses, e os expressos termos, em especial, do parágrafo único do art. 116 da Lei nº 6.404/76, conduziram a grande maioria dos comercialistas brasileiros a considerar, com razão, a sociedade anônima como uma instituição.

Nessa linha citem-se, além de um dos autores da lei, Alfredo Lamy Filho[284], Waldirio Bulgarelli[285], Egberto Lacerda Teixeira e Jose Alexandre Tavares Guerreiro[286], Fran Martins[287], Rubens Requião[288] e José Edwaldo Tavares Borba,

---

[282] Ibidem, p. 112.
[283] Ibidem, p.126-127.
[284] LAMY FILHO, Alfredo e BULHÕES PEDREIRA, José Luiz. **A Lei das S.A. Pressupostos elaboração...**, p.147.
[285] BULGARELLI, Waldirio. **Manual das Sociedades Anônimas.** 10.ed. São Paulo:Atlas, 1998, p.48-53.
[286] TEIXEIRA, Egberto Lacerda; GUERREIRO, José Alexandre Tavares. **Das sociedades anônimas no direito brasileiro.** v. 2, São Paulo:José Bushatsky, 1979, p.472.
[287] MARTINS, Fran.**Comentários à Lei das Sociedades Anônimas.** v. 2, t.1, Rio de Janeiro:Forense, 1978, p.370.
[288] REQUIÃO,Rubens. **Curso de Direito Comercial.**v.2, 19. ed. atual., São Paulo:Saraiva, 1993, p.13-14.

cujos ensinamentos bem resumem a posição doutrinária sobre o assunto:

> A sociedade anônima deixa de ser um mero instrumento de produção de lucros para distribuição aos detentores do capital, para elevar-se à condição de instituição destinada a exercer o seu objeto para atender aos interesses de acionistas, empregados e comunidade[289].

Releva notar que Rubens Requião criticou, nesse aspecto, o sistema da lei, pois, para ele, o fato de a sociedade anônima poder qualificar-se como uma instituição não importa em que seu ato constitutivo não seja considerado um contrato: um contrato plurilateral. Acrescenta que, "como instituição está ela voltada para a consecução do 'bem comum', visando primacialmente aos altos interesses coletivos, desvanecendo um tanto o interesse privado, perseguido pelos acionistas. Como *contrato* regula os interesses pessoais de seus membros."[290]

Já Fábio Ulhoa Coelho, ao distinguir as sociedades em contratuais e institucionais, não utiliza, para esse fim, o conteúdo das teorias institucionalistas, acima exposto. Para ele, o critério diferenciador "diz respeito ao regime de constituição e dissolução do vínculo societário". Assim, as sociedades contratuais se constituem por um contrato entre os sócios, e os princípios dos direitos dos contratos "explicam parte das relações entre os sócios". Já os direitos e deveres dos sócios de sociedades institucionais, cujo ato de constituição não tem a natureza de contrato, não se sujeitariam aos postulados da teoria dos contratos. Seriam sociedades contratuais as sociedades de pessoas e a limitada,

---

[289] BORBA, José Edwaldo Tavares. **Direito Societário.** 5.ed. rev., atual. e aum. Rio de Janeiro: Renovar, 1999, p.105.
[290] REQUIÃO, Rubens. **Curso de Direito Comercial...** p.14.

e institucionais a sociedade anônima e em comandita por ações.[291]

Dos autores acima citados nenhum deles, nas obras consultadas, buscaram na Constituição fundamentos para a interpretação dos citados artigos da Lei nº 6.404/76.

Fábio Konder Comparato, após fazer referência à teoria institucionalista de Walter Rathenau, "sustentando que os empresários detêm o poder de controle não para servir os capitalistas – sócios ou acionistas – e sim no interesse público representado pela empresa, como organização que transcende a sociedade comercial"[292], observa que, no Brasil, citando os artigos 116, parágrafo único, 117,§ 1º,a,[293] e 154, da Lei Acionária de 1976, essa lei veio consagrar, ao que parece definitivamente, o abandono da teoria do exclusivo atendimento dos interesses acionários e, até mesmo, dos

---

[291] COELHO, Fábio Ulhoa.**Curso de Direito Comercial.**v.2. São Paulo:Saraiva, 1999, p.25-26. Para ilustrar seu pensamento, o autor formula o exemplo do herdeiro de sócio, questionando se ele está obrigado a integrar a sociedade. Para ele, a resposta está na classificação da sociedade: sendo ela contratualista, "a constituição e a dissolução seguem regras próximas à do regime jurídico dos contratos. Assim, como ninguém é obrigado a contratar, em termos de princípio geral, o herdeiro das quotas de uma sociedade limitada, se quiser, pode deixar de ingressar nela, exigindo a apuração de haveres (opera-se, então, a dissolução parcial)[..] Se a sociedade é institucional [...]o herdeiro da ação necessariamente passa a integrar o quadro de acionistas. Se não o deseja, pode negociar suas ações, vendendo-as a interessados no investimento. [...] o vínculo societário não pode ser desfeito mediante o reembolso da participação societária, porque não tem a natureza de um contrato."
[292] COMPARATO, Fábio Konder; SALOMÃO FILHO, Calixto. **O poder de controle na sociedade anônima.**4.ed. Rio de Janeiro: Forense, 2005, p.366.
[293] O art. 117, § 1º, a, considera modalidade de exercício abusivo de poder: "a) orientar a companhia para fim estranho ao objeto social ou lesivo ao interesse nacional, ou levá-la a favorecer outra sociedade, brasileira ou estrangeira, em prejuízo da participação dos acionistas minoritários nos lucros ou no acervo da companhia ou da economia nacional."

interesses intra-empresariais em seu conjunto, como objetivo da atuação de controladores e administradores[294].

Fábio Konder Comparato, entretanto, já naquela época, anterior à Constituição de 1988, e ao prevalecimento no Brasil das idéias da Constituição como centro do sistema jurídico, que obriga o aplicador do direito a recorrer à axiologia constitucional para descobrir o sentido da legislação infraconstitucional, já interpretava as disposições da lei acionária a partir das normas constitucionais. Confiram-se seus ensinamentos, após observar que tanto o acionista controlador quanto o administrador estão obrigados a respeitar outros interesses como os da "comunidade", ou da "economia nacional" ou das "exigências do bem público":

> Tal não significa, escusa dizê-lo, que doravante toda companhia se transforme em órgão público e tenha por objetivo primordial, senão único, o vasto interesse coletivo. Mas significa que não obstante a afirmação legal de seu escopo lucrativo (art. 2º), deve este ceder o passo aos interesses comunitários e nacionais, em qualquer hipótese de conflito. A liberdade individual de iniciativa empresária não torna absoluto o direito ao lucro, colocando-o acima do cumprimento dos grandes deveres de ordem econômica e social, igualmente expressos na Constituição[295].

E acrescenta o jurista:

> A lei acionária veio, aliás, estabelecer, em certo sentido, uma ponte entre o plano constitucional e o societário, ao dizer o legislador ordinário que o controlador tem

---

[294] COMPARATO, Fábio Konder; SALOMÃO FILHO, Calixto. **O poder de controle na sociedade anônima.** 4.ed ..., p.371
[295] COMPARATO, Fábio Konder; SALOMÃO FILHO, Calixto,. loc.cit.

> deveres para com a comunidade em que atua a empresa, e que ele comete abuso de poder se orienta a companhia para fim lesivo ao interesse nacional (arts. 116, parágrafo único, e 117 §1º, a)[296].

Como já exposto nesta obra , a análise do parágrafo único do art.116 da Lei nº 6.404/76 há de ser efetuada sob a ótica da perspectiva civil-constitucional, implicando que sua leitura e interpretação seja feita à luz dos valores albergados no Texto Maior, ocupando posição nuclear o da dignidade da pessoa humana.

É sob essa ótica que se passa, a seguir, à análise do conteúdo e limites da função social da empresa, entendendo-se, ademais, desnecessário o recurso às teorias institucionalistas.

4.5 – O conteúdo da função social da empresa sob a perspectiva civil-constitucional

4.5.1 – O caminho normativo da doutrina da função social no ordenamento brasileiro

Como já relatado no capítulo anterior, com a ingerência do Estado Social nas relações privadas e a ruptura da distinção absoluta entre o Direito Público e o Direito Privado, surge o conceito de função no Direito, traduzindo a preocupação com a eficácia social dos institutos jurídicos. A partir de então, o atendimento do interesse coletivo e a igualdade substancial, ou seja, a perspectiva social passou a ser considerada no ambiente jurídico, afastando-se a concepção dita neutra do Direito. Nessas condições, toda situação subjetiva só passa a merecer proteção jurídica, na medida em que cumpre sua função social, ou seja, realiza os valores e princípios constitucionais.

---

[296] COMPARATO, Fábio Konder e SALOMÃO FILHO, Calixto, **O poder de controle na sociedade anônima**..., p. 138/139.

No Direito brasileiro, o caminho normativo da doutrina da função social é traçado por Calixto Salomão Filho[297]. A primeira referência ocorreu com a função social da propriedade[298], posteriormente desenvolvida para abranger a função social da empresa, estendendo-se, por fim, o princípio da função social, das relações empresariais, a todas da vida civil, dando lugar ao princípio da função social do contrato.

Com efeito, a função social da propriedade foi inicialmente prevista no inciso 17 do art. 113 da Constituição Brasileira de 1934, omitida na Constituição de 1937[299], retomada, sem exceção, nas Constituições a partir da de 1946. A função social da empresa foi, outrossim, expressamente prevista na Lei Acionária de 1976 (arts. 116 e 154 da Lei nº 6.404/76), trazendo o Código Civil de 2002 menção expressa, em seu art. 421, à função social do contrato.

Fábio Konder Comparato[300], José Afonso da Silva[301] e Eros Roberto Grau[302] sempre estabeleceram correspondência direta entre a função social da propriedade, a função social da propriedade dos bens de produção e a função social da empresa. Ou seja, mesmo considerando a Constituição de 1967, com a Emenda de 1969, a função social da empresa, para esses autores, constitui uma decorrência da função social da propriedade, tendo como matriz constitucional,

---

[297] SALOMÃO FILHO, Calixto. Função social do contrato: primeiras anotações. **Revista dos Tribunais.** ano 93, v. 823, p. 68-86, Maio 2004.
[298] O autor refere-se à famosa fórmula do art. 153 da Constituição de Weimar: "a propriedade obriga".
[299] BARROSO, Luís Roberto. **O Direito Constitucional e a efetividade de suas normas.** Rio de Janeiro: Renovar, 1990, p. 20, observa que "Não merece maior relevância a Carta de 1937, cognominada "Polaca", pela influência sofrida de sua congênere polonesa de 1935, imposta pelo Marechal Josef Pilsudski.
[300] COMPARATO, Fábio Konder. Função social da propriedade dos bens de produção. **Direito empresarial. Estudos e pareceres.** São Paulo:Saraiva, 1990,. p. 34
[301] SILVA, José Afonso da Silva. **Curso de Direito Constitucional Positivo.** 3.ed. rev e ampl. São Paulo:Revista dos Tribunais, 1985, p.511.
[302] GRAU, Eros Roberto. **A ordem econômica na Constituição de 1988.** 4.ed. rev. e atualiz.São Paulo:Malheiros Editores, 1998, p.254.

basicamente, o art. 160, III, da Constituição anterior e o artigo 170, III, da atual Constituição.

Paulo Luiz Netto Lobo relaciona a função social da propriedade à função social do contrato tendo em vista os aspectos dinâmico e estático da atividade econômica. Segundo ele: "a propriedade é o segmento estático da atividade econômica, enquanto o contrato é seu segmento dinâmico. Assim, a função social da propriedade afeta necessariamente o contrato, como instrumento que a faz circular"[303].

Calixto Salomão Filho explica o caminho da função social da propriedade para a função social do contrato, como uma necessidade decorrente da mudança de qualificação do fundamento da riqueza, que passa de agrária para relações comerciais e industriais mais complexas. Assim, "do direito de propriedade passa-se a relações jurídicas. Em um primeiro momento, aquelas envolvidas pela empresa e, em seguida, pelos contratos em geral."[304]

Miguel Reale estabelece expressa vinculação entre a previsão constitucional da função social da propriedade e a função social do contrato. Para ele, "a realização da função social da propriedade somente se dará se igual princípio for estendido aos contratos, cuja conclusão e exercício não interessa somente às partes contratantes, mas a toda coletividade"[305].

Enzo Roppo também destaca a importância que o contrato assumiu no sistema capitalista desenvolvido, observando que o contrato não mais se limita à circulação da riqueza, mas sim à criação da riqueza, resultando, dessa forma, alterada a

---

[303] LÔBO, Paulo Luiz Netto. Princípios sociais dos contratos no CDC e no Novo Código Civil. Disponível em http://www.mundojuridico.adv.br/documentos/artigos/texto444.doc. Acesso em 5 de agosto de 2005.
[304] SALOMÃO FILHO, Calixto. Função social do contrato: primeiras anotações. **Revista dos Tribunais**. Ano 93. v. 823, p. 68-86, Maio 2004.
[305] REALE, Miguel. A função social do contrato. 20 de novembro de .2003. Disponível em http://www.miguelreale.com.br/artigos /funsoccont.htm. Acesso em 5 de agosto de 2005.

relação entre propriedade e contrato. Ou ainda, que não só existe a riqueza material objeto da propriedade, mas também riqueza imaterial, "que não se concretiza na forma tradicional do direito de propriedade, e que tal riqueza é produzida directamente pelo contrato."[306] Assim, concluindo que o contrato passa a ser o instrumento fundamental de gestão dos recursos e de propulsão da economia, e, após observar o papel fundamental da empresa no processo econômico, da qual o contrato é instrumento necessário e indispensável, Enzo Roppo destaca a profunda relação entre contrato e empresa.

Tais manifestações doutrinárias permitem, desde logo, concluir serem intrinsecamente relacionados os princípios da função social da propriedade, da função social da empresa e da função social do contrato, conduzindo à inevitável conclusão de que a legislação ordinária, a doutrina e jurisprudência desenvolvidas para a função social da propriedade e do contrato podem ser aplicadas ao princípio pouco explorado da função social da empresa. E não poderia mesmo ser diferente, em razão não só da unidade do sistema jurídico, protagonizada pelas normas fundamentais[307], entre as quais as contidas nos arts. 1º e 3º da Constituição, como também do fato de as três vertentes da função social acima indicadas vincularem-se à atividade econômica e, conseqüentemente, aos valores e princípios constitucionais que regem essa atividade.

---

[306] ROPPO, Enzo. **O contrato.** Tradução de Ana Coimbra e M.Januário C.Gomes. Coimbra: Almedina, 1988, p.64-66. Como exemplo de riquezas traduzidas em bens imateriais, que não consistem necessariamente numa res a possuir em propriedade, mas que representam um bem econômico, o autor menciona a licença de patente, a opção sobre uma carteira de ações, os títulos de crédito.
[307] José Afonso da Silva dá como exemplo de normas fundamentais os arts. 1º a 4º da Constituição Federal de 1988, referindo-se às demais normas ("normas particulares) como mero desdobramento analítico daquelas.(**Curso de Direito Constitucional Positivo.** 26. ed.rev e atualiz.São Paulo:Malheiros Editores, 2006, p. 94).

4.5.2 – O conteúdo da função social da empresa segundo a axiologia constitucional

Já foi aqui mencionado que autores como Fábio Konder Comparato, José Afonso da Silva e Eros Roberto Grau encontram a matriz constitucional da função social da empresa na função social da propriedade expressamente prevista no inciso XXIII do art. 5º, e no inciso III do art.170 da Lei Maior.

O Professor José Afonso da Silva desenvolve o seu raciocínio a partir do entendimento de que a função social abrange qualquer tipo de propriedade, inclusive a propriedade dos bens de produção, ou seja, daqueles que se aplicam na produção de outros bens, como as máquinas, fábricas, navios, matéria prima, imóveis destinados à produção de rendas[308]. A seu ver, sua tese é reforçada pelo fato de a função social da propriedade estar inscrita, no art.170, III, da Constituição, como um dos princípios da ordem econômica. Acrescenta ainda que a maior importância desse fato, entretanto, está na compreensão da propriedade e de sua função social "como um dos instrumentos destinados à realização da existência digna de todos e da justiça social".[309]

A vinculação da função social da propriedade com a função social da propriedade dos bens de produção pode ser ainda deduzida, como bem observa o constitucionalista, da correlação com os demais princípios que informam a ordem econômica, como a valorização do trabalho humano (art. 170, *caput*), a defesa do consumidor (art. 170,V), a defesa do meio ambiente (art.170,VI), a redução das desigualdades regionais e sociais (art. 170, VII) e a busca do pleno emprego (art.170,VIII).[310]

---

[308] SILVA, José Afonso da Silva. **Curso de Direito Constitucional Positivo.** 26. ed..., p.813.
[309] SILVA, José Afonso da Silva. **Curso de Direito Constitucional Positivo.** 26. ed...,p.814.
[310] SILVA, loc.cit.

De fato, sendo a propriedade dos bens de produção "especialmente imputada à empresa, pela qual se realiza e efetiva o poder econômico, o poder de dominação empresarial", o autor conclui que "tanto vale falar de *função social da propriedade dos bens de produção*, como de *função social da empresa*, como de *função social do poder econômico*".[311]

Do mesmo modo, Eros Roberto Grau é de opinião que a propriedade afirmada pelo Texto Constitucional constitui não apenas um, mas "um conjunto de institutos jurídicos relacionados a distintos tipos de bens."[312] Tal como Fábio Konder Comparato[313] e José Afonso da Silva, o autor procede a uma distinção entre propriedade de bens de consumo e propriedade de bens de produção. Como o ciclo da propriedade dos bens de consumo se esgota na sua própria fruição, Eros Roberto Grau conclui que apenas em relação aos bens de produção se coloca o problema da "disciplina da propriedade como elemento que se insere no processo produtivo, ao qual converge um feixe de outros interesses que concorrem com aquele do proprietário e, de modo diverso, o condicionam e por ele são condicionados".[314] É portanto sobre a propriedade dos bens de produção "que se realiza a *função social da propriedade*".[315] Assim, o autor, considerando que os bens de produção são postos em dinamismo, no capitalismo, em regime de empresa, conclui

---

[311] SILVA, loc.cit.
[312] GRAU, Eros Roberto. **A ordem econômica na Constituição de 1988**...p. 253.
[313] Ver COMPARATO, Fábio Konder. Função social da propriedade dos bens de produção....
[314] GRAU, Eros Roberto. **A ordem econômica na Constituição de 1988**...p. 253.
[315] Ibidem, p. 254. O autor observa que a função social da propriedade afeta também a propriedade que excede o quanto caracterizável como propriedade tangida por *função individual*, esta caracterizada pela garantia de que possa o indivíduo prover a sua subsistência e de sua família. Dá o exemplo de propriedade que não atende a sua função individual aquela "detida para fins de especulação ou acumulada sem destinação ao uso a que se destina."

que a função social da propriedade se expressa, em regra, como *função social da empresa*.³¹⁶

Para Eros Roberto Grau, então, o princípio da função social da propriedade inscrito no art.170, III, da Constituição, diz respeito à propriedade dos bens de produção, que diretamente importa à ordem econômica, aduzindo que a inclusão desse princípio entre os princípios da ordem econômica tem o condão de não apenas afetá-los (os bens de produção) pela *função social* - conúbio entre os incisos II e III do art. 170 – mas, além disso, de subordinar o exercício dessa propriedade aos ditames da justiça social e de transformar esse mesmo exercício em instrumento para a realização do fim de assegurar a todos existência digna."³¹⁷

As bem fundadas lições de José Afonso da Silva e Eros Roberto Grau conduzem à lógica conclusão de que o princípio da função social da empresa encontra fundamento axiológico nos princípios constitucionais que orientam a ordem

---

³¹⁶ Pietro Pierfingieri discorda desse entendimento, com razões perfeitamente aplicáveis ao ordenamento brasileiro. Para ele, "a disposição constitucional não prevê exceções à regra da função social da propriedade privada. Do contrário, seria obrigatório reservar à função social uma interpretação pela qual o social se contrapõe ao pessoal-individual, prevalecendo assim uma postura econômica e produtivista, ainda que atenuada, relativamente àquela codicística, pela referência à atuação das equânimes relações sociais e à noção de solidariedade social. A afirmação generalizada de que a propriedade privada tem função social não consente discriminações e obriga o intérprete a individuá-la em relação à particular ordem de interesses juridicamente relevantes. Assim, tem função social não somente a propriedade da empresa mas também a da casa de habitação e dos bens móveis que ela contém, a da oficina artesã e da propriedade o pequeno produtor [...], a dos utensílios profissionais e dos animais e dos instrumentos de trabalho da empresa. Cada uma com uma diversa intensidade de utilidade geral e individual, sem que entre elas devam encontrar-se lacerantes contrastes, com a consciência de que pode-se realizar a função social, como em todas as hipóteses de propriedade ditas pessoais, ao satisfazer exigências merecedoras de tutela, não necessariamente e exclusivamente do mercado e da produção, mas também somente pessoais e existenciais, individuais ou comunitárias".(**Perfis do Direito Civil...**, p. 230)
³¹⁷ GRAU, Eros Roberto. **A ordem econômica na Constituição...**, p. 257

econômica, iluminados sempre pelos princípios fundamentais da República, previstos, em especial, nos artigos 1º e 3º da Lei Maior.

4.5.2.1 – Os princípios constitucionais da ordem econômica obrigam a companhia ao atendimento de outros interesses além do dos acionistas

Iniciando o Capítulo I, "Dos Princípios Gerais da Atividade Econômica", do Título VII, "Da Ordem Econômica e Financeira", da Constituição Federal, o art. 170 da Constituição Federal assim dispõe, *in verbis:*

> Art. 170. A ordem econômica, fundada na valorização do trabalho humano e na livre iniciativa, tem por fim assegurar a todos existência digna, conforme os ditames da justiça social, observados os seguintes princípios:
>
> I - soberania nacional;
>
> II - propriedade privada;
>
> III - função social da propriedade;
>
> IV - livre concorrência;
>
> V - defesa do consumidor;
>
> VI - defesa do meio ambiente, inclusive mediante tratamento diferenciado conforme o impacto ambiental dos produtos e serviços e de seus processos de elaboração e prestação;
>
> VII - redução das desigualdades regionais e sociais;
>
> VIII - busca do pleno emprego;
>
> IX - tratamento favorecido para as empresas de pequeno porte constituídas sob as leis

> brasileiras e que tenham sua sede e administração no País.
>
> Parágrafo único. É assegurado a todos o livre exercício de qualquer atividade econômica, independentemente de autorização de órgãos públicos, salvo nos casos previstos em lei.

A leitura do art 170 acima transcrito revela que o exercício da atividade econômica no sistema econômico brasileiro é amplamente vinculado ao atendimento de outros interesses e finalisticamente comprometido com a realização da justiça social e a promoção da dignidade da pessoa humana. Da maior importância é também destacar que seus fundamentos são não só a livre iniciativa mas também a valorização do trabalho humano.

Sendo inegavelmente a sociedade empresária o principal agente da ordem econômica capitalista, deve ela, no exercício de sua atividade, orientada pelos fundamentos constitucionais e, mediante a implementação, entre outros, dos princípios da soberania nacional, busca do pleno emprego, da defesa do meio ambiente, da defesa do consumidor, da redução das desigualdades regionais e sociais, promover a existência digna de todos aqueles que gravitam em torno dela, como os empregados, os consumidores, os acionistas minoritários, os credores, os fornecedores, os membros da comunidade em que atua, realizando assim a justiça social.

Ora, tais valores constitucionais encontram-se, à toda evidência, refletidos tanto no art. 154 quanto no parágrafo único do art. 116 da Lei nº 6.404/76, e deles informam o conteúdo, na medida em que impõem ao administrador a agir de modo a satisfazer também às "exigências do bem público e da função social da empresa", e obrigam o acionista controlador (como se qualificam os acionistas reunidos no acordo de acionistas de comando, repita-se) ao atendimento dos direitos e interesses dos demais acionistas da empresa, dos que nela trabalham e da comunidade em que atua.

Nessas condições, a atuação empresarial, seja através de atos dos seus administradores, seja através da deliberação de seus sócios controladores, só merecerá a proteção do ordenamento jurídico, na medida em que atender também a sua função social, consubstanciada na realização e preservação dos interesses e direitos *interna corporis*, de seus acionistas minoritários e de seus empregados, e *externa corporis*, na realização dos interesses coletivos.

Da previsão constitucional, no sentido de que a ordem econômica tem como finalidade "assegurar a todos existência digna, conforme os ditames da justiça social", se conclui que a finalidade da companhia não se reduz exclusivamente à produção de lucros para distribuir a seus acionistas.

O fato de a Constituição prever como um dos princípios fundamentais da República o valor social da livre iniciativa– e não pura e simplesmente a livre iniciativa – significa dizer que a liberdade de iniciativa econômica, da qual a liberdade de atuação empresarial é expressão, só será legítima enquanto exercida no interesse da justiça social, ensina mais uma vez José Afonso da Silva, acrescentando que "será ilegítima, quando exercida com o objetivo de puro lucro e realização pessoal do empresário".[318]

Eduardo Secchi Munhoz, ao discorrer sobre a função do direito societário, reconhece nele um instrumento de implementação de políticas públicas que objetivem a consecução dos valores consagrados pelo ordenamento jurídico, enunciados primacialmente no art. 170 da Constituição Federal, concluindo assim que "não cumpre ao direito societário apenas a disciplina dos chamados interesses intrassocietários (interesses dos sócios)."[319]

Do mesmo modo pensava Fábio Konder Comparato, em artigo escrito sob a égide da Constituição Federal de 1967

---

[318] SILVA, José Afonso da. **Curso de Direito Constitucional Positivo.** 26. ed...p.794.
[319] MUNHOZ, Eduardo Secchi. **Empresa contemporânea e Direito Societário.** São Paulo:Edit.Juarez de Oliveira, 2002, p.27.

com a Emenda nº 1 de 1969, no qual já evidenciava a função finalística e socializante da ordem jurídica brasileira. Para ele, em razão do disposto no art. 160[320], da Constituição então vigente, "a liberdade de iniciativa, entendida como liberdade de criação empresarial ou de livre acesso ao mercado, somente é protegida enquanto favorece o desenvolvimento nacional e a justiça social".[321]

Essa imposição da persecução de fins sociais às empresas conduz o autor à conclusão de que a atividade empresarial não pode ser considerada matéria de exclusivo interesse privado[322]. Em consonância, admitindo a possibilidade de conflito entre interesses particulares (lucro) e o dever de função social, Fabio Konder Comparato, sempre raciocinando a partir dos princípios constitucionais, conclui pela prevalência dos interesses sociais, vez que, para ele, a lucratividade empresarial não vem declarada como princípio da ordem econômica no art.160. Para o autor, isto significa a sua não inclusão na esfera do social e sua pertinência à esfera dos interesses particulares, hierarquicamente inferior ao interesse social.

---

[320] Art. 160: A ordem econômica e social tem por fim realizar o desenvolvimento nacional e a justiça social, com base nos seguintes princípios: I - liberdade de iniciativa; II – valorização do trabalho como condição da dignidade humana; III – função social da propriedade; IV- harmonia e solidariedade entre as categorias sociais de produção; V – repressão ao abuso do poder econômico, caracterizado pelo domínio dos mercados, a eliminação da concorrência e o aumento arbitrário dos lucros; e VI – expansão das oportunidades de emprego produtivo.
[321] COMPARATO, Fábio Konder. A reforma da empresa. **Direito empresarial.Estudos e pareceres.** São Paulo:Saraiva, 1990, p.6.
[322] Ibidem, p.7. Nesse artigo, escrito em 1983, perguntava, em consonância, o autor: "Haverá ainda quem sustente, seriamente, que a produção e distribuição organizada de bens, ou a prestação de serviços, seja assunto submetido à soberania individual? A criação e o funcionamento das empresas, pelo fato de não apresentar, formalmente, um caráter político, hão de ser confinados em globo nos estreitos limites do direito privado?". E concluía às fls 8, enfatizando aspecto também já sucessivamente abordado em nosso trabalho: "Diante dessa escala insuprimível de interesses e valores, a evolução jurídica contemporânea tende a romper o esquema clássico do público-privado."

Nessas condições, o professor paulista justifica o lucro "como estímulo ou incentivo aos agentes privados, no desempenho da função social que lhes é constitucionalmente assinada".[323]

Cabe aqui ressaltar que, em 1996, Fábio Konder Comparato parece posicionar-se em pólo diametralmente oposto nesse aspecto, ao asseverar que "a empresa capitalista [...] não é, em última análise, uma unidade de produção de bens, ou de prestação de serviços, mas sim uma organização produtora de lucros[324]. As obrigações que decorreriam dos citados artigos 116, parágrafo único, e 154 da Lei das Companhias, consubstanciariam, a seu ver, deveres negativos em relação aos múltiplos interesses neles previstos, representativos "da mera aplicação do princípio geral *neminem laedere*." [325] Da mesma forma, para o emérito professor paulista, a imposição de deveres positivos, como, por exemplo, o de desenvolver um plano de assistência social ou de previdência complementar para os seus empregados, entraria em contradição com o objetivo primordial de produção de lucros.

Data maxima venia, esse entendimento conflita com os princípios constitucionais da ordem econômica acima expostos, cuja obrigação de realização pela empresa já tem sido endossada por decisões do Supremo Tribunal Federal, como se verá mais adiante.

Na verdade, a leitura atenta do artigo, s.m.j., parece revelar uma insatisfação do autor com uma política econômica que privilegia a estabilidade monetária e o equilíbrio das finanças públicas em detrimento de ações sociais pelo Estado, na pressuposição de que o setor privado delas se encarregaria. Confiram-se suas palavras:

> A tese da função social das empresas apresenta hoje o sério risco de servir como mero disfarce retórico para o abandono, pelo

---

[323] COMPARATO, loc.cit.
[324] COMPARATO, Fábio Konder. Estado, empresa e função social. **Revista dos Tribunais.** São Paulo:Revista dos.Tribunais, v.732, out.1996, p.45.
[325] COMPARATO, Fábio Konder. Estado, Empresa e Função Social. ..., p.44

> Estado, de toda política social, em homenagem à estabilidade monetária e ao equilíbrio das finanças públicas. Quando a Constituição define como objetivo fundamental da República "construir uma sociedade livre, justa e solidária" (art.3º, I,), quando ela declara que a ordem social tem por objetivo a realização do bem-estar e da justiça social (art.193), ela não está certamente autorizando uma demissão do Estado, como órgão encarregado de guiar e dirigir a nação em busca de tais finalidades.

Fábio Konder Comparato tem toda razão nesse aspecto, pois a construção de uma sociedade livre, justa e solidária constitui certamente obrigação do Poder Público. Mas não apenas dele. Como bem destaca José Afonso da Silva, citando José Joaquim Gomes Canotilho e Vital Moreira, todas as normas constitucionais são impregnadas pelos princípios fundamentais os quais "constituem por assim dizer a síntese ou matriz de todas as restantes normas constitucionais, que àquelas podem ser directa ou indirectamente reconduzidas"[326]. Entre os princípios fundamentais da Carta de 88, que se aplicam indistintamente a todas as relações, das quais participem ou não o Poder Público, o autor relaciona os relativos à organização da sociedade, citando os da convivência justa e da solidariedade. Tais princípios também se encontram expressamente citados como princípios da ordem econômica da qual a empresa é um dos principais instrumentos e cuja atuação – da empresa - deve estar pautada pelos "ditames da justiça social" e objetivar "assegurar a todos existência digna".

Assim, bem ensina Maria Celina Bodin de Moraes quando afirma que a Constituição imputou ao Estado e a todos os membros da sociedade o encargo de construir uma sociedade solidária, aduzindo que através da distribuição da justiça

---

[326] SILVA, José Afonso. **Curso de Direito Constitucional Positivo.** 26.ed....p.94.

social, "agregou um novo valor aos já existentes, ao estabelecer a natureza jurídica ao dever de solidariedade", entendido como "a assunção de um dever para com o(s) outro(s) – para com cada um".[327] Daí, com pertinência, conclui a autora que

> a lógica da competição desmedida e do lucro desenfreado [...] foi, por determinação constitucional, substituída pela perspectiva solidarista, em que a cooperação, a igualdade substancial e a justiça social se tornam valores hierarquicamente superiores", subordinados tão somente ao valor precípuo do ordenamento, que está contido na cláusula de tutela da dignidade da pessoa humana.[328]

Do mesmo Fábio Konder Comparato vem o irretocável entendimento exposto em sua amplamente reconhecida obra "O Poder de Controle na Sociedade Anônima", no sentido de que o campo econômico e social deve ser organizado em função dos "objetivos máximos" previstos na Constituição de 1967, com a emenda de 1969, "de valorização do trabalho humano, da livre iniciativa e da justiça social" que, inscritos na Constituição, são obrigatórios para todos. Vale a pena transcrever suas palavras:

> Doravante, qualquer agente social ou econômico, seja ele funcionário público ou sujeito de direito privado, tem o dever constitucional de respeitar a liberdade de iniciativa e de obrar em prol da valorização do trabalho, da harmonia e solidariedade entre as categorias sociais e de produção e da expansão das oportunidades de emprego produtivo. Tem o dever constitucional de

---

[327] MORAES, Maria Celina Bodin de.O Princípio da Solidariedade. *In*:
PEIXINHO Manuel Messias; GUERRA, Isabella Franco; NASCIMENTO FILHO, Firly.(Orgs.) **Os princípios da Constituição de 1988.** Rio de
Janeiro:Lúmen Iuris, 2001, p. 188-189.
[328] Ibidem p.189.

exercer os direitos de proprietário sem desrespeito às necessidades e carências sociais e de evitar o abuso de poder econômico nos mercados.[329]

Tudo o que foi acima exposto conduz à conclusão de que o conteúdo da função social da empresa deve ser interpretado no sentido da realização dos princípios constitucionais previstos no art. 170 da Constituição, orientados pelos princípios fundamentais da justiça social, da solidariedade e da dignidade da pessoa humana, o que decididamente afasta a interpretação de que à empresa caberia somente a função de unidade produtora de lucros destinada a atender exclusivamente o interesse dos seus sócios.[330]

---

[329] COMPARATO, Fábio Konder; SALOMÃO FILHO, Calixto. **O poder de controle na sociedade anônima.** 4.ed..., p.138.

[330] Nem mesmo nos Estados Unidos, pátria do liberalismo, se entende que os administradores das companhias apenas devem considerar os interesses dos acionistas. Franklin A.Gevurtz, em sua obra **Corporation Law**, West Group:St.Paul, Minn.,2000, p.308 a 313, à pergunta se podem os administradores levar em conta os interesses de "other constituencies" às expensas dos acionistas, conclui que "Directors often are going to try to do the "right thing" vis-a-vis the corporation's employees, creditors, customers and the community, just as proprietors or partners often do. Thus, a rule which requires director to act purely as profit maximizers is unenforceable." A essa conclusão o autor chega após relatar algumas decisões judiciais, em resumo:1) o clássico caso Dodge v. Ford Motor Co., no qual os acionistas minoritários, Dodge brothers, acionaram a sociedade pleiteando uma maior distribuição de lucros, depois do anúncio de que seriam retidos parte dos lucros para expansão da empresa. A Ford, em sua defesa, argumentou, em síntese, que seu objetivo não era maximizar lucros, mas sim que a companhia pudesse expandir sua produção e reduzir o preço do carro para que mais americanos pudessem ter um carro e assegurar mais empregos para mais pessoas. A decisão da Corte foi, afinal, no sentido de determinar o pagamento do dividendo especial, simplesmente porque verificou que a companhia tinha recursos também para a expansão. A Corte, embora afirmando que o primeiro objetivo da companhia fosse o de dar lucros a seus acionistas, recusou-se a impedir os planos de expansão da companhia, substituindo a decisão da diretoria pela sua. 2) Caso Shlensky v. Wrigley: um acionista minoritário acionou Wrigley, que operava um time de baseball, pleiteando que instalasse luzes no campo para jogos noturnos, para aumentar sua receita. A Corte considerou válidas as alegações de Wrigley, no sentido do efeito negativo que causaria na vizinhança os jogos

4.6 – Os limites da função social da empresa

No capítulo anterior, quando se abordou a questão dos limites da função social do contrato, observou-se que, embora a ótica da Constituição seja solidarista – e não mais individualista - o confronto entre o princípio da solidariedade, ou dos interesses sociais, e o da liberdade ou da autonomia da vontade, ou dos interesses individuais, não poderia implicar aniquilamento desses últimos.

Da mesma forma, os deveres e ônus impostos aos controladores reunidos no acordo de acionistas de comando, decorrentes da função social da empresa e traduzidos no dever de proteção a outros interesses não podem ser interpretados no sentido do total afastamento do direito dos acionistas à satisfação de seus interesses individuais, em especial, à percepção dos lucros.

Sendo capitalista o sistema econômico brasileiro, não se pode deixar de reconhecer à livre iniciativa privada, à empresa, uma posição central na economia e, conseqüentemente, a importância de sua preservação para a realização dos fins constitucionais, entre os quais os da redução das desigualdades sociais e da promoção da dignidade da pessoa humana. Entretanto, sendo a empresa fruto de investimento privado, é inerente a ela o lucro, o retorno e o ganho do investimento feito pelo acionista, inclusive como compensação pelo risco assumido. O direito ao lucro é assim direito decorrente também do direito de propriedade, protegido constitucionalmente. Ademais, a sua capacidade de gerar lucros constitui, de regra, uma premissa para a

---

noturnos, sob o argumento de que "it might be in the corporation's best interest to look out for the neighborhood, since the company owned real estate (the ballpark) there and since the patrons might not wish to attend games in poor neighborhood". O autor também faz referência a inúmeras legislações estaduais editadas em resposta às "corporate take over battles of the 1980s", dando poderes aos diretores para, ao tomar decisões para a sociedade, levar em consideração os interesses dos empregados, clientes, fornecedores, credores e da comunidade na qual a companhia operava.

sobrevivência da empresa, e o conseqüente cumprimento de seus objetivos sociais.

Mas o lucro a que têm direito os acionistas controladores reunidos no acordo de acionistas de comando – tema do presente trabalho - há de ser razoável, justo, e o direito à sua percepção, em consonância com a funcionalização do direito exposta no capítulo anterior, vincula-se exatamente ao cumprimento pelo acionista controlador da função social da empresa. Ou seja, o atendimento dos interesses extrassocietários é que justifica a atribuição do direito ao recebimento dos lucros. Nessa direção – relembre-se - para Fábio Konder Comparato, "o lucro, longe de aparecer como o fruto da propriedade do capital, passa a exercer a função de prêmio ou incentivo ao regular desenvolvimento da atividade empresária, obedecidas as finalidades sociais fixadas em lei"[331]. Afinal, ao lado do direito de propriedade privada a Lei Maior antepõe a função social da propriedade, constituindo ambos, inclusive, princípios a serem observados pela ordem econômica brasileira.

As considerações acima não significam que a sociedade empresária, como mais uma vez lembra Fábio Konder Comparato, "se transforme em órgão público e tenha por objetivo primordial, senão único, o vasto interesse coletivo. Mas significa que não obstante a afirmação legal de seu escopo lucrativo [...], deve este ceder o passo aos interesses comunitários e nacionais, em qualquer hipótese de conflito."[332]

Neste ponto, entende-se pertinente destacar que a afirmativa do jurista deve ser interpretada em harmonia com o seu entendimento de que a empresa não se transforma, por isso, "em órgão público". Assim, a prevalência dos interesses sociais há de ser sopesada em cada caso, não podendo

---

[331] COMPARATO, Fábio Konder; SALOMÃO FILHO, Calixto. **O poder de controle na sociedade anônima.** 4. ed...., p. 365.
[332] COMPARATO, Fábio Konder; SALOMÃO FILHO, Calixto. **O poder de controle na sociedade anônima.** 4. ed..., p. 371.

importar em total nulificação do direito ao lucro do acionista. O que o autor objetiva ressaltar, como faz em seguida, é que "a liberdade individual de iniciativa empresária não torna absoluto o direito ao lucro, colocando-o acima do cumprimento dos grandes deveres de ordem econômica e social, igualmente expressos na Constituição".

É verdade que sendo a visão constitucional solidarista e centrada na promoção da dignidade humana, e não individualista, a realização daqueles valores assumem importância decisiva na ponderação com os interesses individuais, mas estes não podem ser totalmente desconsiderados. Como destacado no segundo capítulo deste trabalho, na ponderação dos valores em conflito, "deve-se, à vista do caso concreto, fazer concessões recíprocas, de modo a produzir um resultado socialmente desejável, sacrificando o mínimo de cada um dos princípios ou direitos em oposição".[333] No caso do direito à percepção dos lucros, lembre-se que a Constituição não protege "o aumento arbitrário dos lucros"[334]. Assim, o direito a ser ponderado, em cada caso, é o direito ao lucro justo, razoável. Esse é que deverá ser minimamente sacrificado.

Nessa questão dos limites a serem observados pela empresa no atendimento dos interesses extrassocietários, Eduardo Secchi Munhoz propõe um critério para nortear a decisão sobre que interesses devem prevalecer quando eles se põem em conflito. Para o autor, esse critério seria a definição dos interesses de longo prazo dos sócios, que ele resume "na duradoura prosperidade e rentabilidade da sociedade".[335] Assim, entre os interesses de curto prazo dos acionistas e os de longo prazo dos empregados e da comunidade, estes últimos devem prevalecer.

---

[333] BARROSO, Luís Roberto. Fundamentos teóricos e filosóficos do novo Direito Constitucional..., p. 32.
[334] Art. 173, §4º: "A lei reprimirá o abuso do poder econômico que vise à dominação dos mercados, à eliminação da concorrência e ao aumento arbitrário dos lucros".
[335] MUNHOZ, Eduardo Secchi. **Empresa contemporânea e Direito Societário.** São Paulo: Edit.Juarez de Oliveira, 2002, p. 45.

Cabe registrar que o autor corrobora o entendimento desenvolvido neste trabalho no sentido de que o "modelo societário não serve apenas à solução de questões de índole privada, exercendo função instrumental para a consecução dos valores fundamentais da ordem econômica"[336], enunciados no art. 170 da Constituição Federal, o que, como se viu, inclui a obrigação de a empresa considerar outros interesses, além dos do acionista. Assim, o critério indicado se aproximaria, a seu ver, do interesse dos "empregados, fornecedores, consumidores, credores e da própria comunidade local, pois uma empresa bem sucedida propicia empregos e bens e serviços para a comunidade, pagando suas obrigações pontualmente".[337]

Vê-se assim que o critério adotado – da duradoura prosperidade e rentabilidade da companhia – fundamenta-se em princípio econômico, eis que pode ser qualificado como critério de eficiência[338], como expressamente admite Eduardo Secchi Munhoz. Para o autor, entretanto, essa "eficiência não seria apenas produtiva, mas distributiva, que assegure duradoura prosperidade, rentabilidade e repartição eqüitativa de resultados entre todos os participantes da atividade empresarial"[339].

Sobre o critério adotado por Eduardo Secchi Munhoz, há de ser contraposto que uma análise exclusivamente econômica do direito, "pela sua função individualista, materialista e conservadora"[340], contrasta com a ciência do direito, de feição valorativa. Por essa razão, ensina Pietro Perlingieri, que "o

---

[336] Ibidem, p. 31.
[337] Ibidem, p. 45.
[338] Calixto Salomão Filho observa que a principal e mais política idéia de teóricos da análise econômica do direito é a idéia da eficiência, que, aplicada tanto ao direito antitruste como ao direito societário, "acabou por reduzir o interesse societário apenas ao interesse dos acionistas à maximização do valor das ações[...]." (**O poder de controle na sociedade anônima.** 4.ed....p.369.)
[339] Ibidem, p.49.
[340] PERLINGIERI, Pietro. **Perfis do Direito Civil...**,p.63.

Direito não é reduzível à linguagem econômica", entre outras razões, porque:

> a) a ação humana tem uma pluralidade de motivações que não podem ser reduzidas em termos somente econômicos e utilitaristas; b) o direito moderno da economia, socialmente caracterizado, servindo-se das técnicas, dos programas e dos controles, assim como, realisticamente, deve levar em consideração as leis de mercado livre ou planificado que seja, deve também propor intervenções de política do direito orientadas a realizar a justiça e os valores de quem "é" mas não possui c) o método econômico na interpretação jurídica mostra-se, a rigor, incompatível com os institutos diretamente centrados na pessoa humana (os chamados direitos da personalidade) e d) esse método descuida da verdadeira questão jurídica que é aquela de resolver cada *fattispecie* respeitando as suas peculiaridades subjetivas e objetivas.[341]

A proposta de Eduardo Secchi Munhoz, portanto, embora não pretenda ser exclusivamente econômica e caracterize-se também como de eficiência distributiva, como alegado, deve ser utilizada com cautela. Em razão de seu viés econômico, o critério sugerido pelo autor não pode ser adotado como critério geral, adequado para qualquer hipótese, sob pena de, em muitas delas, não realizar os valores fundamentais constitucionais, objetivo último que o autor – repita-se – igualmente defende deva ser perseguido pelo direito societário. Até porque, como se destacou no capítulo segundo, e igualmente enfatizado por Pietro Pierlingieri na letra d̲ da transcrição acima, a doutrina mais atenta demonstrou que a interpretação não pode prescindir das características do caso

---

[341] PERLINGIERI, Pietro. **Perfis do Direito Civil...**,p.64.

concreto, razão pela qual a interpretação pode variar de acordo com o objeto a ser interpretado.

Os limites da função social da empresa, traduzida na internalização dos interesses extrassocietários, se colocam à apreciação do intérprete, quando conflitantes com os interesses dos acionistas controladores. Tendo sempre como norte a orientação solidarista e humanista da Constituição de 88, a prevalência de uns ou de outros interesses decide-se, caso a caso, pelo método da ponderação, sem que quaisquer deles sejam totalmente afastados.

No item seguinte, ao se abordar o tema do abuso do controlador, isto é, do ato praticado pelo acionista controlador em desacordo com o dever de fazer a empresa cumprir sua função social, serão indicados alguns exemplos dessa ocorrência de conflito de interesses, e a solução que se entende consonante com a orientação constitucional, que melhor explicitarão esse entendimento.

4.7 – O exercício do controle em desacordo com os princípios constitucionais constitui abuso do controlador

Em face das considerações já expendidas, pode-se deduzir que a função social do acordo de acionistas de comando traduz-se primordialmente na obrigação de seus participantes de atuarem no sentido de fazer a companhia cumprir a sua função social. Ou seja, o fim econômico e social essencial do acordo de acionistas de comando confunde-se com a função social da empresa.

Tal obrigação encontra-se positivada no parágrafo único do art. 116 da Lei Acionária, incorporando as lições fundamentais de Fábio Konder Comparato, no sentido de que a função social da propriedade dos bens de produção, quando estes acham-se incorporados a uma exploração empresarial, há de ser cumprida não pelo proprietário mas pelo acionista controlador, cujo poder de dirigir as atividades sociais funda-se, não na titularidade dos bens de produção, mas, no regime capitalista, na propriedade do capital ou dos títulos valores dele representativos. Assim,

> "em se tratando de bens de produção, o poder-dever do proprietário de dar à coisa uma destinação compatível com o interesse da coletividade transmuda-se, quando tais bens são incorporados a uma exploração empresarial, em poder-dever do titular do controle de dirigir a empresa para realização dos interesses coletivos."[342]

Embora o art. 154 da Lei nº 6.404/76 também atribua tais deveres aos administradores da sociedade, o fato é que a própria definição legal de acionista controlador pressupõe o uso do poder para orientar o funcionamento dos órgãos da companhia, o que prestigia o entendimento de Fábio Konder Comparato.

Assim, não podem remanescer dúvidas de que o principal dever jurídico correspondente ao poder-função de controle, de que são titulares os acionistas do acordo de comando, revela-se na obrigação de, na condução da atividade empresarial, na orientação dos negócios sociais, agirem os titulares desse poder, em consonância com os princípios constitucionais, de modo a atender aos interesses intra e extrassocietários que giram em torno da empresa.

O descumprimento dessa função, a atuação além dos limites ou em desacordo com os fins impostos pela função social da empresa, caracteriza o abuso de direito de que trata o art. 187 do Código Civil.

No capítulo anterior, verificou-se que o abuso do direito configura-se não como contrariedade à lei, mas a seu fundamento axiológico. O ato aparenta ser formalmente regular, de acordo com a letra da lei, mas em desacordo com seu sentido teleológico. Por essa razão, a caracterização de

---

[342] COMPARATO, Fábio Konder. Função social dos bens de produção... p. 34.

sua ocorrência é verificada pelo operador jurídico diante do caso concreto, na apreciação das circunstâncias que o envolvem, não cabendo *a priori* qualquer definição precisa e única.

Como é sabido, o Código Civil de 1916 não se referia expressamente ao fim econômico e social das situações subjetivas, e, por via de conseqüência, ao ato abusivo, levando a doutrina a construir o raciocínio desse conceito a partir, *a contrario sensu*, do art. 160, inciso I, que não considerava ato ilícito o praticado no exercício *regular* de um direito reconhecido. Assim, o exercício *irregular* de um direito caracterizaria o ato abusivo.[343] Mas a Lei nº 6.404, dando um passo adiante, já fazia, em 1976, expressa referência ao abuso do controlador, cabendo lembrar, neste ponto, o entendimento da melhor doutrina no sentido de que a expressão "abuso do direito" abrange não apenas os direitos subjetivos mas qualquer situação subjetiva inclusive os poderes jurídicos.

Com efeito, a Lei Acionária, em seu artigo 117 responsabiliza o acionista controlador pelos danos advindos de "atos praticados com abuso de poder."

O citado artigo 117 qualifica-se, à toda evidência, como cláusula geral, revestindo-se da característica de grande generalidade, que "abrange e submete a tratamento jurídico todo um domínio de casos".[344] Tal "conceito que se contrapõe a uma elaboração 'casuística' das hipóteses legais"[345], nem sempre se opõe a esse método casuístico, ensina Karl Engisch.

---

[343] Nessa linha, vejam-se os preciosos ensinamentos de San Tiago Dantas, a propósito do art. 160 do Código Civil de 1916: "O exercício irregular é o abuso do direito e o que se considera por exercício irregular é, justamente, o exercício anti-social, quer dizer, o exercício que contraria as finalidades, em vista das quais o direito foi instituído"(**Programa de Direito Civil. Parte Geral.** Texto revisto com anotações e Prefácio da José Gomes Bezerra Câmara. Rio de Janeiro:Editora Rio, 1977, p.373.)
[344] ENGISCH, Karl. **Introdução ao Pensamento Jurídico.** 8. ed. Tradução de J.Baptista Machado. Lisboa: Fundação Kalouste Gulbenkian, 2001, p.229.
[345] Ibidem, p.228

Para ele, constitui uma combinação particularmente aconselhável de método casuístico e cláusula geral a do chamado método exemplificativo[346], como foi o empregado pelo legislador do art. 117 que, em seu parágrafo único, relaciona "modalidades de exercício abusivo de poder". Desse modo, se o ato praticado pelo acionista controlador enquadrar-se numa daquelas modalidades, como por exemplo, "eleger administrador ou fiscal que sabe inapto, moral ou tecnicamente" (alínea d), mais objetivamente, e, portanto, com mais segurança jurídica, qualificar-se-á o ato abusivo.

O importante, como já se concluiu, é que as hipóteses do §1º do art. 117 da Lei Acionária são exemplificativas, não excluindo outras "que a vida e a aplicação da lei se incumbirão de evidenciar."[347]

Em qualquer caso, a caracterização do ato abusivo do controlador dar-se-á pela frustração do atingimento dos fins e valores do ordenamento que preenchem o conteúdo das cláusulas gerais.

Para melhor entendimento do raciocínio desenvolvido, podem-se tomar, como ponto de partida, dois exemplos apontados por Eduardo Secchi Munhoz e a utilização do critério por ele proposto - da duradoura prosperidade e rentabilidade da companhia, como registrado no item anterior – para fins de verificar se tal critério é suficiente para promover a adequada proteção dos outros interesses abrangidos pelo art. 170 da Constituição Federal, caracterizando-se ou não o ato do controlador como abusivo. Ou, se, ao contrário, há de ser tal critério conjugado e

---

[346] Ibidem, p.231.
[347] Conforme Exposição de Motivos nº 196, de 24 de junho de 1976, do Ministério da Fazenda, que encaminhou o Projeto da atual Lei das Sociedades por Ações, elaborada pelos autores do anteprojeto. (LAMY FILHO, Alfredo; PEDREIRA, José Luiz Bulhões. Acordo de Acionistas. **A Lei das S.A. Pressupostos de sua elaboração.** 2. ed. v.1, Rio de Janeiro:Renovar, 1996, p.238).

subordinado à verificação da efetiva realização, no caso concreto, da axiologia constitucional.

O primeiro exemplo refere-se a uma proposta vantajosa para aquisição das ações dos acionistas controladores de uma sociedade, feita por um concorrente, com o objetivo de extingui-la, retirando-a do mercado. Neste passo, observa o autor, coloca-se o conflito entre os interesses de curto prazo dos acionistas controladores – auferir lucros com a venda de suas participações – e os interesses de longo prazo dos empregados e da comunidade na manutenção da atividade produtiva. Nesta hipótese, o autor não tem dúvidas de que prevalece o interesse extrassocietário[348].

Veja-se que, no exemplo dado, o recurso a fundamentos econômicos pôde prevalecer porque se revelou, no caso, promocional dos valores constitucionais fundamentais, da valorização do trabalho humano e da dignidade humana, com a observância dos princípios da busca do pleno emprego, da defesa do consumidor, da redução das desigualdades regionais e sociais, da livre concorrência previstos no art. 170 da Lei Maior. Releve-se que essa prevalência, que contribui também para o atingimento dos objetivos fundamentais da República, de construção de sociedade justa e solidária, não aniquilou o direito de propriedade e o direito a uma remuneração justa dos acionistas controladores. Na verdade, esse conflito encontra-se, de certa forma, solucionado pela própria Lei Acionária, ao relacionar, na alínea b do §1º do art. 117 da Lei nº 6.404/76, a seguinte modalidade de exercício abusivo de poder:

> b) promover a liquidação de companhia próspera, ou a transformação, incorporação, fusão ou cisão da companhia, com o fim de obter para si ou pra outrem, vantagem indevida, em prejuízo dos demais acionistas, dos que trabalham na empresa ou dos

---

[348] MUNHOZ, Eduardo Secchi. **Empresa contemporânea e Direito Societário**...p.45

investidores em valores mobiliários emitidos pela companhia.

Na hipótese aventada por Eduardo Secchi Munhoz, embora não sejam os atuais acionistas controladores que estarão promovendo a liquidação de companhia próspera, eles também responderão pela venda efetuada com essa finalidade, certamente não desconhecida por eles, já que receberão valor superior ao seu valor de mercado (os adquirentes naturalmente estão considerando que os ganhos da extinção do concorrente lhes proporcionarão ganho bem superior, compensando o alto preço a ser pago pelo controle).

Nessas condições, o Ministério Público, inclusive com fundamento nesse artigo da Lei Societária, e ainda no Direito do Consumidor e no Direito da Concorrência, está plenamente legitimado a propor uma ação civil pública, em face dos potenciais vendedores, com fundamento na Lei nº 7.347/1985 e na Lei nº 8.078/1990, de natureza cautelar para evitar a ocorrência da operação, com vistas à proteção do consumidor e à "coibição e repressão eficiente" do abuso praticado no mercado de consumo[349].

O outro exemplo apresenta maiores dificuldades. Trata-se do caso de uma unidade produtiva da empresa, cronicamente deficitária por longo período. Eduardo Secchi Munhoz, apesar de considerar que, num primeiro instante, poder-se-ia cogitar que a manutenção da empresa se imporia em razão dos interesses dos empregados e da comunidade, conclui que essa solução não seria adequada, pois a tendência seria a superação da empresa por concorrentes e seu conseqüente alijamento do mercado, "em prejuízo, portanto, da totalidade de seus empregados e das comunidades de cada local em que tivesse estabelecimento"[350]. Nesse caso, o autor acha que

---

[349] Observe-se que a Lei nº 8.137/1990 tipifica como crime contra a ordem econômica "abusar do poder econômico, dominando o mercado ou eliminando, total ou parcialmente, a concorrência mediante[...] e) cessação parcial ou total das atividades da empresa".
[350] MUNHOZ, Eduardo Secchi. **Empresa contemporânea e Direito Societário...**, p.46.

deve prevalecer o interesse de longo prazo dos sócios em detrimento dos interesses extrassocietários, sob pena de "subverter o papel da sociedade na ordem econômica e social", eis que para ele "a capacidade de produzir lucros está na base do sistema econômico atual"[351].

Neste exemplo, o critério proposto pode importar em solução em desacordo com os princípios constitucionais, não podendo assim prevalecer. Suponha-se que, na hipótese, o estabelecimento, por exemplo um supermercado, fosse o único da localidade e a sociedade empresária, apesar de esse estabelecimento ser deficitário, apresentasse lucro razoável, justo, apto a preservação da empresa a longo prazo, em razão do bom faturamento das demais unidades. Ainda assim deveria prevalecer o interesse específico dos sócios em relação àquele estabelecimento, fechando-se, em conseqüência, a unidade deficitária? Deveriam os membros da comunidade, para possibilitar maior lucro à companhia, perder o acesso a bens de consumo e de uso pessoal, imprescindíveis à sua existência digna? Deveriam ser extintos os empregos diretos e indiretos gerados por aquela unidade produtiva e fundamentais para o desenvolvimento das pessoas e do local da situação do estabelecimento empresarial? Entende-se que não. Deixando claro que a preservação da unidade não resultaria em tornar a própria empresa deficitária, ou seja, que o direito ao lucro foi minimamente preservado, a solução preconizada pela perspectiva civil-constitucional, que concretiza os valores constitucionais da defesa do consumidor, da redução das desigualdades regionais e sociais, da busca do pleno emprego e da dignidade da pessoa humana, e também da função social da propriedade, enfim da função social da empresa, é o não fechamento daquela unidade, ainda que deficitária.

Nessas condições, estaria o Ministério Público, incluindo o Ministério Público do Trabalho, legitimado a agir em defesa do consumidor e dos interesses coletivos daquela

---

[351] MUNHOZ, Eduardo Secchi. **Empresa contemporânea e Direito Societário...**, p.46.

comunidade e dos trabalhadores, com base na Lei 7.347/1985.

Tome-se agora o pertinente exemplo trazido por José Edwaldo Tavares Borba[352]. O autor de início observa que, conforme o citado parágrafo único do art. 116 da Lei nº 6.404/76, os interesses de acionistas, empregados e comunidade devem conviver harmoniosamente no seio da sociedade, devendo ser levados em consideração em qualquer decisão, a fim de que nenhum deles seja sacrificado. Em seguida, dá o exemplo do empregado dispensado sem justa causa, exclusivamente para aumentar o lucro ou para substituí-lo por um novo, de remuneração mais baixa, considerando que "práticas dessa natureza correspondem ao sacrifício do trabalhador em proveito do capital e, como tal, conflitam com o já referido art.116, parágrafo único, que colocou o capital, trabalho e comunidade em posição de equilíbrio."[353]

Com efeito, a orientação do comercialista encontra fundamento constitucional no art. 170, nos princípios dele constantes, orientados pelo princípio fundamental da valorização do trabalho humano e do fim da ordem econômica de assegurar a existência digna a todos, de acordo com os ditames da justiça social.

Desse modo, as dispensas dos empregados nas hipóteses figuradas, motivadas exclusivamente para aumentar o lucro do empresário, violam frontalmente aqueles princípios e valores.

Poder-se-ia validamente argumentar com o disposto no art. 7º, inciso I, do Texto Maior, que assegura ao trabalhador "relação de emprego protegida contra despedida arbitrária ou sem justa causa, nos termos de lei complementar, que preverá indenização compensatória, dentre outros direitos".

---

[352] BORBA, José Edwaldo Tavares. **Direito Societário.** 5.ed.... p.107.
[353] Ibidem, p.108.

A leitura isolada desse inciso poderia levar ao entendimento da prevalência, em qualquer caso, da despedida arbitrária ou sem justa causa, desde que devidamente indenizada. Mas, se for conjugado esse inciso I com o inciso II do art.10 do Ato das Disposições Constitucionais Transitórias[354], há de se entender que outros casos de proibição de dispensa arbitrária ou sem justa causa, além daqueles já previstos, poderiam ser acrescentados pela Lei Complementar referida no inciso I do art. 7º. Pode-se assim concluir que o direito do empregador de resilição unilateral imotivada, mediante simples indenização, não é absoluto.

E não é absoluto inclusive porque a ele se contrapõem também os princípios e valores do art.170 acima citados. Ou seja, esses princípios conduziriam a, no caso indicado, a considerar contrárias ao ordenamento jurídico as referidas dispensas de empregados. No capítulo segundo, destacou-se o fato de a Constituição pátria caracterizar-se como compromissória, consagrando múltiplos valores, muitos contraditórios entre si, podendo-se neste capítulo apontar o direito de dispensa arbitrária e sem justa causa do empregado, mediante indenização, como princípio conflitante com o da busca do pleno emprego e o da valorização do trabalho humano previstos no art.170.

A ocorrência desse conflito – como se entende ocorrer nas hipóteses levantadas – configuraria os chamados casos difíceis, em que dois valores de mesma hierarquia se contrapõem, devendo o conflito ser solucionado pelo método da ponderação, como exposto no capítulo segundo. Nessa ponderação, o juiz deverá sopesar os interesses envolvidos

---

[354] O art. 10 assim dispõe: "Até que seja promulgada a Lei Complementar a que se refere o art.7º,I, da Constituição: I – fica limitada a proteção nele referida ao aumento , para quatro vezes, da porcentagem prevista no art.6º, *caput,* e § 1º , da Lei 5.107, de 13 de setembro de 1966; II – fica vedada a dispensa arbitrária ou sem justa causa: a) do empregado eleito para o cargo de direção de comissões internas de prevenção de acidentes, desde o registro de sua candidatura até um ano após o final de seu mandato; b) da empregada gestante, desde a confirmação da gravidez até cinco meses após o parto."

mediante análise das circunstâncias do caso concreto e decidir, fundamentadamente, sacrificando, conforme aqui já ressaltado, o mínimo de cada um dos princípios em conflito.

O fato de ainda não existir a tal lei complementar não inviabilizaria a aplicação direta dos princípios do art. 170 às relações privadas, haja vista que os princípios constitucionais, além de também serem normas jurídicas (portanto dotadas de efetividade e imperatividade), situam-se em posição superior às demais normas, não fazendo qualquer sentido, por implicar total subversão do sistema, que a sua eficácia venha depender da existência de norma de hierarquia inferior.

Sobre o assunto, no campo do Direito do Trabalho, refira-se à Lei nº 9.029/95, que, em seu art 1º, assim dispõe:

> Art. 1º Fica proibida a adoção de qualquer prática discriminatória e limitativa para efeito de acesso a relação de emprego, ou sua manutenção, por motivo de sexo, origem, raça, cor, estado civil, situação familiar ou idade, ressalvadas, neste caso, as hipóteses de proteção ao menor previstas no inciso XXXIII do art. 7º da Constituição Federal.

À toda evidência, esse dispositivo legal tem por fundamento o princípio da isonomia. Em que pese nessa lei não constar proibição de prática discriminatória por motivo de o empregado ser portador do vírus da AIDS, por exemplo, há de se entender que naturalmente tal distinção estaria vedada, porque a Constituição Federal fala em igualdade, "sem distinção de qualquer natureza". Ou seja, não seria porque a lei infraconstitucional não menciona expressamente a proibição da discriminação por ser portador do vírus HIV que não se aplicaria o princípio constante da Lei Maior.

Nessa matéria, é lapidar o acórdão da Segunda Turma do Tribunal Superior do Trabalho, proferido no E-RR-

217791/95, em que foi relator o Ministro Leonaldo Silva[355], que, negando provimento aos Embargos interpostos, determinou ao Carrefour Comércio e Indústria S/A a reintegração de empregado demitido por ser portador do vírus da AIDS. A ementa do acórdão proferido no Recurso de Revista recorrido é bem reveladora de seus fundamentos. Diz ela:

> REINTEGRAÇÃO - EMPREGADO PORTADOR DO VÍRUS DA AIDS - CARACTERIZAÇÃO DE DESPEDIDA ARBITRÁRIA. Muito embora não haja preceito legal que garanta a estabilidade ao empregado portador da síndrome da imunodeficiência adquirida, ao magistrado incumbe a tarefa de valer-se dos princípios gerais do direito, da analogia e dos costumes para solucionar os conflitos ou lides a ele submetidas. A simples e mera alegação de que o ordenamento jurídico nacional não assegura ao aidético o direito de permanecer no emprego não é suficiente a amparar uma atitude altamente discriminatória e arbitrária que, sem sombra de dúvida, lesiona de maneira frontal o princípio da isonomia insculpido na Constituição da República Federativa do Brasil. Revista conhecida e provida".

O fato de o acórdão recorrido aplicar diretamente os princípios constitucionais às relações privadas é expressamente mencionado pelo ilustre relator em seu voto. Após destacar que não se pode fazer um exame superficial da lei e sim a partir de "um exame complexo dos princípios que regem o ordenamento jurídico vigente, e que constam

---

[355] BRASIL. Tribunal Superior do Trabalho. Embargos em Recurso de Revista E-RR 21779/951.3. Segunda Turma.Embargos.
reintegração.dispensa discriminatória. empregado portador da sida(aids)...Relator: Ministro Leonaldo Silva. Julgado em 7 de fevereiro de 2000.

expressamente de nossa Carta Política", apontando exemplos de artigos (art. 3º, IV, art. 5º, *caput,* art. 7º, XXXI) que vedam a discriminação, o relator assim conclui: "Esse princípio alcança não só o legislador e o intérprete da lei, mas também o particular, que não poderá adotar condutas discriminatórias, preconceituosas ou racistas."

E o relator vai além, destacando ainda a função social da empresa, valendo transcrever o seguinte trecho de seu voto, inteiramente de acordo com os princípios que regem a atividade econômica:

> Além dos aspectos jurídicos acima expostos, existem outras questões que merecem destaque. Não se pode, nos dias atuais, acolher a idéia de que o papel social dos empresários se restrinja apenas à obtenção de lucros para suas empresas. Ao contrário, a atividade empresarial é indispensável na busca pela justiça social, na distribuição de riquezas, no bem estar das comunidades, pois gera empregos, produz as mais variadas gamas de produtos e alimenta os cofres públicos com os seus impostos. O dirigente de uma entidade privada, dessa forma, não pode ter em mente apenas o seu objetivo pessoal, mas uma maior percepção da realidade, e se preparar para cumprir a sua função dentro da sociedade.

Trata-se, como se viu, de acórdão que acolhe plenamente os principais aspectos sustentados nesta obra no sentido de que, à luz dos valores que caracterizam o ordenamento nacional, não apenas o lucro, mas também outros interesses, de âmbito social, devem ser objetivados e protegidos no exercício da atividade empresarial.

4.8. – No cumprimento de sua função social a empresa também se sujeita aos chamados deveres positivos

Na apreciação do conteúdo da função social da empresa, verificou-se que ele se vincula ao atendimento dos fundamentos, princípios e fins que a Constituição determina para a ordem econômica. Nesse aspecto, contudo, coloca-se a questão de se verificar se a observância daqueles princípios se traduz em mera obrigação de não fazer – deveres negativos - ou se pode importar em obrigação de fazer – deveres positivos.

No item 4.5.1 deste capítulo, quando se traçou o caminho normativo da função social, fez-se menção à estreita vinculação existente entre a função social da propriedade, a função social da empresa e a função social do contrato. Da função social da propriedade prevista no art. 170, III, da Lei Maior, chega-se à função social da propriedade dos bens de produção, a qual se confunde com a função social da empresa. Por outro lado, tendo o contrato "passado a ser, na atividade econômica, o 'mecanismo funcional e instrumental da empresa', antes que da propriedade"[356], demonstrada restou também a estreita e inevitável relação entre a empresa e o contrato e, conseqüentemente, da função social que devem realizar.

Constatar a existência dessa profunda relação é importante para concluir que a função social da empresa, tal como a função social da propriedade e do contrato, não importa apenas na imposição de deveres negativos, no estabelecimento de limites de atuação, mas também de deveres positivos, de obrigações de fazer.

No que tange à propriedade, a própria Constituição de 1988, pelo menos em dois de seus dispositivos, apresenta "a função social da propriedade [...] como imposição do dever positivo

---

[356] GOMES, Orlando. Autonomia Privada e Negócio Jurídico. **Novos temas de Direito Civil.** Rio de Janeiro: Forense, 1983, p.86.

de uma adequada utilização dos bens, em proveito da coletividade", como bem observa Fábio Konder Comparato[357].

No art. 182, a Constituição é expressa no sentido de o Poder Público, nos termos de lei específica, poder exigir do proprietário de imóvel urbano não edificado, não utilizado ou subutilizado que promova o seu adequado aproveitamento, sob pena de sanções.

No art. 186, a Constituição exige também o atendimento dos requisitos que especifica para que a propriedade rural cumpra sua função social, sob pena de desapropriação (art. 184).

Ora, o atendimento desses requisitos, relativos ao aproveitamento racional e adequado do imóvel (inciso I), à utilização adequada dos recursos naturais disponíveis e preservação do meio ambiente (inciso II), à observância das disposições que regulam as relações de trabalho (inciso III) e à exploração que favoreça o bem-estar dos proprietários e dos trabalhadores (inciso IV), são exigências perfeitamente aplicáveis ao proprietário - sociedade empresária rural (ou melhor, a seu acionista controlador) - , integrando o conteúdo também da função social da empresa. Até porque, como visto, além da função social da propriedade, a valorização do trabalho humano e a defesa do meio ambiente são valores que inspiram a ordem econômica.

Quanto aos deveres positivos impostos aos contratantes, em razão da funcionalização dos contratos, são inúmeros os exemplos que se podem citar. Eles são decorrentes não só da atuação do legislador como da do juiz, como demonstrado nos capítulos anteriores, a começar pelo próprio contrato de trabalho, passando pelo contrato de locação, pelos contratos de seguro saúde, e chegando aos contratos de consumo, em geral, essencialmente firmados por sociedades empresárias,

---

[357] COMPARATO, Fábio Konder. Estado, empresa e função social.... p.43.

entre as quais, ocupando papel de destaque, pelo porte que costumam apresentar, as companhias.

Essa constatação – de a função social da propriedade e, conseqüentemente, a função social da empresa implicar a realização de deveres positivos - é amplamente endossada pela doutrina, como adiante se expõe.

Eros Roberto Grau, considerando que a função que o Estado Social acrescentou às situações subjetivas implica um poder-dever, ou seja o condicionamento do exercício do poder ao atingimento de uma finalidade, adverte "que o princípio da *função social da propriedade* impõe ao proprietário – ou a quem detém o poder de controle, na empresa – o dever de *exercê-lo* em benefício de outrem e não, apenas, de *não exercer* em prejuízo de outrem". E conclui, querendo referir-se à função social da empresa, que "[...] a função social da propriedade atua como fonte de imposição de comportamentos positivos – prestação de *fazer*, portanto, e não, meramente, de *não fazer* – ao detentor do poder que deflui da propriedade."[358]

Os ensinamentos de Pietro Perlingieri igualmente apontam na direção de que a atuação da função social não resulta apenas em obrigações do tipo negativo, fato decorrente da construção da função social como conjunto de limites voltada, no caso da função social da propriedade (considerada também pelo autor estreitamente ligada à função social da empresa[359]), "a comprimir os poderes proprietários[sic], os

---

[358] GRAU, Eros Roberto. **A ordem econômica na Constituição...**, p. 255.
[359] Pietro Pierlingieri, após observar que os atos do proprietário, para terem reconhecimento jurídico, devem ser avaliáveis segundo os fins em razão dos quais o direito de propriedade foi concedido, aduz que "aqui, os nexos com a disciplina da empresa tornam-se muito estreitos. Assim, a atividade de gozo e de disposição do proprietário – segundo o art. 41, § 2º Const. – não pode ser exercida "em contraste com a utilidade social ou de modo a provocar dano à segurança, à liberdade, à dignidade humana". O art. 41 e seu § 2º da Constituição italiana, citados pelo autor, dispõem que " É livre a iniciativa econômica privada. A lei determina os programas e os meios de fiscalização destinados à direção e coordenação da atividade econômica, pública e privada, para fins sociais."

quais, sem limites, ficariam íntegros e livres"[360]. Com toda razão argumenta que "Este resultado está próximo à perspectiva tradicional", elucidando:

> Em um sistema inspirado na solidariedade política, econômica e social e ao pleno desenvolvimento da pessoa [...] o conteúdo da função social assume um papel de tipo promocional, no sentido de que a disciplina das formas de propriedade e as suas interpretações deveriam ser atuadas para garantir e para promover os valores sobre os quais funda o ordenamento. E isso não se realiza somente finalizando a disciplina dos limites à função social.[361]

Também Fábio Konder Comparato enfatiza que a referência à função social da propriedade não significa limitar tal função às restrições ao uso e gozo dos bens próprios, a limites negativos. O termo função indica um poder de vincular o objeto da propriedade a certo objetivo e o adjetivo social evidencia que esse objetivo "corresponde ao interesse coletivo e não ao interesse próprio do *dominus*", acrescentando não querer isto significar que "que não possa haver harmonização entre um e outro."[362]

Igualmente Calixto Salomão Filho, corroborando o entendimento de que a função social da empresa deriva da função social da propriedade, lembra que a referência originária mais conhecida da função social acha-se no art 153 da Constituição de Weimar, nos termos do qual "a propriedade obriga".[363] Para ele, a função social da empresa "é talvez uma das noções de mais relevante influência prática e legislativa no direito brasileiro", sendo "o principal princípio norteador da 'regulamentação externa' dos

---

[360] PIERLINGIERI, Pietro. **Perfis do Direito Civil...**, p. 226.
[361] PIERLINGIERI, loc.cit.
[362] Ibidem, p. 32.
[363] COMPARATO, Fábio Konder; SALOMÃO FILHO, Calixto. **O poder de controle na sociedade anônima**...,p.132.

interesses envolvidos pela grande empresa" dando como exemplos, o direito antitruste, o direito do consumidor e o direito ambiental.[364]

O autor não hesita em afirmar que é justamente, em razão da influência exercida pela grande empresa sobre o meio em que atua, que deriva a necessidade de impor obrigações positivas ao empresário. Tal como o Estado Social passou a intervir nas relações contratuais para proteger a parte mais fraca, restabelecendo o equilíbrio das partes, também no âmbito da empresa justifica-se a imposição de deveres positivos para reequilibrar partes desiguais. Nas palavras de Calixto Salomão Filho:

> Exatamente na imposição de deveres está o seu traço característico, a distingui-la da aplicação do princípio geral *neminem laedere*. Aí está a concepção social intervencionista, de influência reequilibradora de relações sociais desiguais.[365]

Cite-se, por fim, Paulo Luiz Netto Lôbo, para quem "a função social é incompatível com a noção de direito absoluto, oponível a todos, em que se admite apenas a limitação externa, negativa."[366] O autor acrescenta então que "a função social importa limitação interna, positiva, condicionando o exercício e o próprio direito. Lícito é o interesse individual quando realiza, igualmente, o interesse social".[367]

De todo o acima exposto, dúvidas não pode haver de que a função social da empresa, tanto quanto a função social da propriedade e a função social do contrato, implica para os controladores das companhias, signatários do acordo de

---

[364] COMPARATO; SALOMÃO FILHO, loc.cit.
[365] Ibidem, p.133.
[366] LÔBO, Paulo Luiz Netto. Constitucionalização do Direito Civil. *In* FIUZA, César; SÁ; Maria de Fátima Freire de; NAVES, Bruno Torquato de Oliveira.(Coords.) **Direito Civil. Atualidades.** Belo Horizonte: Del Rey, 2003, p.212.
[367] LÔBO, loc. cit.

acionistas de comando, não apenas a obrigação de *non facere*, mas de deveres positivos para a concretização dos fins e valores constitucionais para a ordem econômica.

4.8.1 – O entendimento do STJ e STF sobre leis que impõem deveres positivos aos empresários

A centralidade da Constituição no ordenamento jurídico significa dizer que tanto o legislador, na produção das normas infraconstitucionais, quanto o juiz, na aplicação do direito, devem zelar pela observância da Lei Maior. Assim, cabe também ao legislador fazer realizar, através de lei, os princípios constitucionais da ordem econômica que informam a função social da empresa. Com pertinência, ensina Gustavo Tepedino não haver dúvida de que "as normas constitucionais incidem sobre o legislador ordinário, exigindo produção legislativa compatível com o programa constitucional, e se constituindo em limite para a reserva legal."[368]

Nesse diapasão, os Tribunais superiores, nos termos das decisões adiante indicadas, têm ratificado a constitucionalidade de leis que impõem deveres positivos a empresários, na concretização dos princípios e valores da ordem econômica. Notar-se-á também que algumas das decisões citadas referem-se à implementação de outros princípios constitucionais os quais, afinal, são referidos aos princípios fundamentais e aos fins do ordenamento pátrio (arts. 1º e 3º da Constituição).

Na medida cautelar na ação direta de inconstitucionalidade (ADI-MC) nº 1003/DF[369], submeteu-se à decisão do Supremo

---

[368] TEPEDINO, Gustavo. Normas constitucionais e relações de Direito Civil na experiência brasileira. **Temas de Direito Civil.** Tomo II. Rio de Janeiro:Renovar, 2006, p. 41.
[369] BRASIL. Supremo Tribunal Federal. Medida Cautelar na Ação Direta de Inconstitucionalidade nº1003-4/DF.Tribunal Pleno.Ação direta de inconstitucionalidade.Ilegitimidade ativa de federação sindical.Lei nº6.194/74 (art.7º)...Relator Ministro Celso de Mello. Julgado em 1 de agosto de 1994.

Tribunal Federal ("STF") pedido liminar para suspender a eficácia do art. 7º da Lei nº 6.194/74, com a redação dada pelo art. 1º da Lei nº 8.441, de 13/7/92, nos termos do qual se obrigava um consórcio constituído pelas seguradoras, que operem no seguro obrigatório de automóveis, a responder pela indenização à vítima de veículo não identificado ou com seguradora não identificada ou com seguro não realizado ou vencido. Fundamentava-se o pedido na ofensa aos princípios constitucionais da livre iniciativa (art.170, parágrafo único), que vedam o confisco patrimonial (art. 150, IV) e que asseguram o direito de propriedade (art. 5º, XXII).

Os argumentos da violação da livre iniciativa e do direito de propriedade foram afastados pelo Tribunal pelos princípios e fins da atividade econômica, subsumidos pelo relator, Ministro Celso de Mello, ao princípio constitucional da solidariedade, como se lê no seguinte trecho da ementa:

> A Constituição da República, ao fixar as diretrizes que regem a atividade econômica e que tutelam o direito de propriedade, proclama, como valores fundamentais a serem respeitados, a supremacia do interesse público, os ditames da justiça social, a redução das desigualdades sociais, dando especial ênfase, dentro dessa perspectiva, ao princípio da solidariedade, cuja realização parece haver sido implementada pelo Congresso Nacional ao editar o art. 1º da Lei nº 8.441/92.

No voto do relator ficou clara sua fundamentação ainda na prevalência da tutela do interesse público, ao concluir que "eventual acolhimento do pedido cautelar implicaria a supressão de um importante instrumento de preservação do próprio interesse público."

No Recurso em Mandado de Segurança nº 19.524-RJ[370], o Canecão Promoções e Espetáculos Teatrais S/A pleiteou junto ao Superior Tribunal de Justiça o afastamento de multa em virtude do não cumprimento das Leis Estaduais nº 2.519/96 e 4.161/03 que determinavam a concessão de meia-entrada a estudantes em eventos culturais.

Nos termos do relatório do Ministro João Otávio de Noronha, o impetrante sustentava a inconstitucionalidade das citadas leis, sob o argumento, entre outros, de violação do princípio supremo da livre iniciativa e do exercício da atividade econômica, mencionando os arts. 1º, IV, e 170 da Constituição Federal. Argumentava ainda com "a ausência de qualquer prestação do Estado, que interfere na atividade do particular sem oferecer-lhe algo em troca".

O relator resumiu assim a controvérsia de mérito: "refere-se à possibilidade de lei estadual determinar que estabelecimento particular seja obrigado a cobrar de estudantes devidamente documentados tão-somente 50% (cinquenta por cento) do valor das entradas, sob pena de aplicação de multa". Ou seja, trata-se da apreciação da possibilidade de se imporem deveres positivos a empresários, em matéria nitidamente vinculada ao cumprimento de sua função social, como deixa claro o voto do Ministro relator.

A Turma, por unanimidade, endossando o voto do relator, negou provimento ao recurso ordinário, entendendo que "em nada afronta a Carta Magna norma cuja finalidade precípua é estimular a participação de estudantes em eventos culturais, tais como teatros, *shows,* cinemas". A conexão entre tal obrigação e a função social da empresa em relação à comunidade em que atua é feita implicitamente pelo Ministro João Otávio de Noronha, ao destacar que "o alcance dos atos que tenham esse fim não se limitam ao âmbito cultural, tendo

---

[370] BRASIL. Superior Tribunal de Justiça. Recurso em Mandado de Segurança nº 19.524-RJ. Segunda Turma. Recurso Ordinário em Mandado de Segurança.declaração de inconstitucionalidade em sede de *mandamus...* Relator: Ministro João Otávio de Noronha. Julgado em 1º de setembro de 2005.

visíveis reflexos no plano educacional e social de uma maneira genérica", aspectos pertinentes ainda à dignidade da pessoa humana.

Entendeu ainda o Tribunal que não só ao Estado mas também aos particulares, ainda que sem contraprestação direta, compete garantir aos cidadãos o acesso à cultura nacional.

Ademais, em evidente processo de ponderação de princípios, o relator concluiu que, embora as referidas leis tenham atingido o princípio da livre iniciativa, não chegou este a ser violado, já que as limitações que lhe foram impostas pelas leis "são de todo razoáveis, sobretudo diante dos objetivos que buscam, a saber, o incentivo às atividades culturais e a promoção do bem-estar social".

Conforme noticiado no Informativo nº 407 do STF, de 24 de outubro a 4 de novembro de 2005[371], na Ação Direta de Inconstitucionalidade nº 1.950, o Tribunal, em 3 de novembro de 2005, julgou improcedente pedido formulado pela Confederação Nacional do Comércio contra o art. 1º da Lei 7.844/92 do Estado de São Paulo que assegura aos estudantes o pagamento de meia-entrada do valor cobrado para o ingresso em eventos esportivos, culturais e de lazer. O acórdão, cujo relator foi o Ministro Eros Roberto Grau, ressaltou que não há na lei qualquer inconstitucionalidade material. Segundo o citado Informativo, esclareceu-se, na decisão que "para que sejam realizados os fundamentos do art. 1º e os fins do art. 3º, da CF, é necessário que o Estado atue sobre o domínio econômico, sendo essa intervenção não só adequada, mas indispensável à consolidação e preservação do sistema capitalista".

Da leitura do Informativo, pode-se também concluir que a decisão considerou uma leitura unitária da Constituição, sendo resultado da adoção do método de ponderação de princípios constitucionais. Para a maioria dos Ministros

---

[371] Disponível no site http://www.stf.gov.br/noticias/informativos/. Acesso em 30 de novembro de 2005.

(ficaram vencidos os Ministros Marco Aurélio e Cezar Peluso), prevaleceu o interesse da coletividade, traduzido no direito à educação, à cultura e ao desporto. Veja-se o seu teor:

> Considerou-se, destarte, que, se de um lado, a Constituição assegura a livre iniciativa, de outro determina ao Estado a adoção de providências tendentes a garantir o efetivo exercício do direito à educação, à cultura e ao desporto (CF, arts. 23,V; 205; 208; 215 e 217, § 3º), ressaltando que, na composição entre princípios e regras, há de ser preservado o interesse da coletividade.

Acórdão paradigmático foi o proferido na Ação Direta de Inconstitucionalidade nº 319-DF[372]. Tratava-se de ação interposta pela Confederação Nacional dos Estabelecimentos de Ensino-CONFENEN tendo por objeto a Lei nº 8.039, de 30 de maio de 1990, que impunha às escolas particulares critérios de reajuste de mensalidades escolares. Embora a questão se relacione com prestação de serviços educacionais e com o direito à educação, não pode ela deixar de ser encarada também sob o ângulo de atividade econômica, sujeita, assim, aos princípios gerais da atividade econômica, elencados no art. 170, como bem destacou o Ministro José Carlos Moreira Alves em seu voto, o que foi expressamente apoiado pelos Ministros Celso de Mello e Sepúlveda Pertence. Por essa razão, embora a questão não envolva sociedades empresárias, os fundamentos desenvolvidos no acórdão servem ao propósito pretendido neste trabalho, de provar que a implementação da função social pode implicar, aos exercentes de atividade econômica, a realização de obrigações positivas de fazer.

---

[372] BRASIL. Supremo Tribunal Federal. Ação Direta de Inconstitucionalidade nº 319-4/DF. Tribunal Pleno. Ação direta de inconstitucionalidade. Lei 8.039, de 30 de maio de 1990, que dispõe sobre critérios de reajuste de mensalidades escolares.... Relator: Ministro Moreira Alves. Julgado em 3 de março de 1993.

A favor da inconstitucionalidade da lei, a CONFENEN argumentava principalmente que o congelamento ou tabelamento de preços das mensalidades escolares violava o princípio da livre iniciativa e da livre concorrência. Aduzia ainda que, o art. 173, § 4º, da Constituição só admite o intervencionismo *a posteriori,* para conter o aumento arbitrário da lucratividade, através da avaliação dos custos, preços e lucros.

O Tribunal, por maioria (vencido apenas o Ministro Marco Aurélio), não acatou os argumentos da autora, basicamente com três argumentos principais, extraídos dos votos do relator e dos Ministros Celso de Mello e Sepúlveda Pertence: a) a liberdade de iniciativa não é um valor absoluto, devendo ser equilibrado com outros valores da ordem econômica, como a defesa do consumidor e a redução das desigualdades regionais e sociais; b) a ordem econômica regulada na Constituição contém princípios contraditórios, cuja conciliação deve ser feita visando assegurar a todos existência digna, de acordo com os ditames da justiça social; e c) o poder do Estado de intervir na ordem econômica, o que inclui a atuação *a priori* de controle de preços, é instrumento constitucional de concretização da função permanente de ponderação de valores.

Nesse sentido é bem expressivo o seguinte trecho da ementa do acórdão:

> Em face da atual Constituição, para conciliar o fundamento da livre iniciativa e do princípio da livre concorrência com os da defesa do consumidor e da redução das desigualdades sociais, em conformidade com os ditames da justiça social, pode o Estado, por via legislativa, regular a política de preços de bens e de serviços, abusivo que é o poder econômico que visa ao aumento arbitrário dos lucros.

No que tange ao primeiro argumento, ressalte-se do voto do Ministro Sepúlveda Pertence sua assertiva de ser a Lei Maior "uma típica Constituição de compromisso", isto é contemplando a proteção de valores conflitantes, razão por que o Ministro aduz, em seguida, em consonância com o que já foi exposto no capítulo segundo, que:

> De tal modo que é sempre arbitrário que a afirmação de um dos valores, de um dos vetores axiológicos do projeto de sociedade veiculado pela Constituição, se faça com abstração ou com sacrifício de outros valores, de outros vetores axiológicos.

Igualmente, quanto ao terceiro argumento, cabe destacar do voto do Ministro Celso Mello, cujas idéias coadunam-se com as expostas neste trabalho, o seguinte trecho:

> O Estado Social é, nitidamente, um Estado intervencionista, que procura, a partir da concretização das liberdades reais ou positivas, realizar a justiça social, prestigiando e fortalecendo, desse modo, os direitos econômicos e sociais reconhecidos em favor das pessoas. [...].O Estado não pode ser visto como um aparelho destinado a cumprir os desígnios de uma classe dominante. A modernização do Estado reflete, na realidade, as novas tendências que exigem a sua constante atualização. Sem transformações substanciais, que privilegiem a justa solução das graves questões sociais, o Estado terá, certamente, falhado à sua alta missão institucional.

De todo o exposto, pode-se concluir que o cumprimento pelo empresário dos princípios constitucionais da ordem econômica, que preenchem o conteúdo de sua função social, implica necessariamente a obrigação de realização de prestações positivas, de modo a fazer de sua empresa um instrumento de promoção social.

4.9 – O exame de acordos de acionistas de companhias abertas e sua conformidade com o princípio da função social do contrato traduzido na função social da empresa

Após uma visão da doutrina e jurisprudência sobre a função social do contrato, concluiu-se que no acordo de acionistas de comando, cujos principais efeitos se realizam na companhia (ato parassocietário), assume especial relevância o cumprimento dessa função, sob a ótica da relação externa.

Por essa razão, a lei expressamente atribui às partes (acionistas controladores) a responsabilidade de fazer com que a companhia cumpra sua função social, a responsabilidade pela concretização dos princípios constitucionais da ordem econômica, segundo os quais outros interesses individuais e coletivos, além dos interesses dos acionistas controladores, hão de ser atendidos pela companhia no desenvolvimento de suas atividades. É o atendimento desses outros interesses - repita-se - que o ordenamento justifica o poder concedido ao acionista controlador.

A fim de verificar se, na prática, tais acordos se conformam aos fins constitucionais, procedeu-se ao exame de vinte e cinco acordos de acionistas de companhias abertas, em especial com ações distribuídas no mercado de valores mobiliários. É inegável o maior interesse social dessas companhias, haja vista tratar-se, em regra, de empresas de grande porte, com muitos empregados e com significativa importância na economia do País, não só como pagadoras de tributos, mas também pela maior extensão de seu entrelaçamento com fornecedores, credores, consumidores, acionistas minoritários, sejam grandes investidores do mercado, sejam aplicadores da poupança popular. É compreensível, portanto, a sua maior responsabilidade pela "redução das desigualdades regionais e sociais".

Desse modo, através de informações obtidas na Internet[373], foi possível o exame dos acordos de acionistas de comando das seguintes companhias abertas, indicando-se, ao lado do respectivo nome, a data da assinatura do acordo:

- Aços Villares S/A, de 15.08.2000 ("AÇOS VILLARES")
- Brasiliana Energia S/A, de 22.12.2003 ("BRASILIANA")
- ALL América Latina Logística S/A, de 27.04.2004, ("ALL)
- Aracruz Celulose S/A, de 05.02.2003 (ARACRUZ")
- Banco Itaú Holding Financeira S/A, de 17.07.2003, (ITAÚ)
- Banco Mercantil do Brasil SA , 04.04.2005 ("BANCO MERCANTIL")
- Bombril S/A, de 11.04.2005 distratado em 03.12.2005, ("BOMBRIL")
- Brasil Companhia de Seguros Gerais ("SEGUROS")
- Companhia de Bebidas das Américas–AMBEV, de 1.07.1999, adit. 2.03.2004 ("AMBEV")
- Companhia de Concessões Rodoviárias, de 18.10.2001,adit.13.03.2002 ("CONCESSÕES")
- Draft II Participações S/A, de 22.03.2002, aditado em 27.08.2002 ("DRAFT")
- Gol Linhas Aéreas Inteligentes S/A, de 29.03.2004 ("GOL")
- Globex Utilidades S/A, de 18.12.2003 ("GLOBEX")
- Grendene S/A, de 6.10.2004 ("GRENDENE")
- Natura Cosméticos S/A, de 26.04.2004 ("NATURA")
- Perdigão S/A. Comércio e Indústria, de 25.10.1994 ("PERDIGÃO")
- Petroquímica União S/A, de 11.02.1994 ("PETROQUÍMICA UNIÃO")
- Ripasa Participações S/A, de 31.03.2005 ("RIPASA")
- Sadia S/A, de 02.05.2005 ("SADIA")
- Tam S/A, de 20.11.2002 ("TAM")
- Telemar Participações SA, de 03.08.1999 ("TELEMAR")
- Unibanco Holdings S/A, de 28.12.2000 (UNIBANCO")
- Universo Online S/A, de 23.11.2005 ("UOL")

---

[373] Os *sites* acessados, em janeiro de 2006, foram os seguintes: Bolsa de Valores de São Paulo-BOVESPA (http://www.bovespa.com.br) da Comissão de Valores Mobiliários-CVM (http://www.cvm.gov.br) e da GOOGLE Brasil (http://www.google.com.br)

- Usinas Siderúrgicas de Minas Gerais S/A, consolidado em 20.01.2004 ("USIMINAS")
- Valepar S/A, de 24.4.1997 (VALE)

Preliminarmente, cabe esclarecer que os acordos das companhias listadas contêm, em sua maior parte, procedimentos para o exercício do direito de voto, composição, funcionamento e competência dos órgãos de administração, bem como limitações à transferência de ações ou dos direitos delas decorrentes (como, por exemplo: direito de preferência, obrigação de venda conjunta (*drag along*), direito de venda conjunta (*tag along*). Como se exporá a seguir, não foram muitas as referências encontradas sobre a preocupação em fazer com que a sociedade atenda a outros interesses que gravitam em torno da empresa.

Com efeito, a leitura dos citados acordos revela que os controladores, de modo geral, não se conscientizaram ainda de suas responsabilidades quanto ao cumprimento pela companhia de sua função social. Ou seja, os acordos decididamente não espelham a orientação humanista e solidarista da Constituição de 1988, especialmente prevista também no seu art 170 e incisos.

De fato, a diretriz basicamente constante de todos os acordos é a de maximizar o retorno dos seus investimentos, assegurando máxima rentabilidade para seus acionistas, expressando uma visão típica do Estado Liberal (Ex. USIMINAS, VALE, TELEMAR, UNIBANCO, BRASILIANA, ALL, AMBEV, DRAFT, AÇOS VILLARES, SADIA, TAM, PERDIGÃO).

Assim, acredita-se poder afirmar que o atendimento dos interesses individuais dos acionistas, traduzidos na obtenção do maior lucro possível, constitui ainda o interesse predominante dos acionistas controladores reunidos no acordo.

É bem verdade também que, paralelamente ao objetivo do maior lucro, a preocupação com a preservação e desenvolvimento da empresa apresenta-se como um comum desiderato dos acionistas nesses acordos (Ex.: TELEMAR, AMBEV, PETROQUÍMICA UNIÃO, SADIA, VALE, NATURA, GRENDENE, ALL, DRAFT. RIPASA, BANCO MERCANTIL), ainda que às vezes esse objetivo apareça complementado com o fato de tal desenvolvimento vir a produzir "substanciais resultados para seus acionistas" (AMBEV – Primeiro Aditivo) ou com o objetivo de "garantir às partes o melhor retorno dos seus investimentos, mediante política consistente de investimentos" (VALE), ou ainda com a outorga de prioridade "à redução de custos e à maximização do retorno sobre o investimento" (VALE).

Apenas nos acordos da CONCESSÕES e da PERDIGÃO, e ainda da DRAFT, prevê-se expressamente que o **interesse dos acionistas (e não da companhia)** deve nortear a sua atuação na orientação dos negócios da companhia, o que certamente confronta-se com a função social da empresa.

Com efeito, no acordo de acionistas da CONCESSÕES consta a previsão de que seu objeto é estabelecer "as normas e regulamentos que nortearão a condução, **no interesse das Partes**, de certas matérias relacionadas à Companhia" (grifou-se). Do mesmo modo, o acordo de acionistas da PERDIGÃO[374] estatui que as decisões estratégicas nas áreas industrial, financeira e comercial sejam sempre "motivadas por interesses comuns das SIGNATÁRIAS", ou seja, dos acionistas controladores, e não "pelo melhor interesse" da companhia, como adequadamente parece estabelecer, por exemplo, o acordo de acionistas da TAM. Diz-se "parece" porque, em outra cláusula do acordo, consta que "as decisões estratégicas no que tange à TAM [...] deverão ter como objetivos básicos a lucratividade e a criação de valor para seus acionistas".

---

[374] No *site* da BOVESPA, consta a informação de que a partir de 12 de abril de 2006 entrará em vigor um novo acordo de acionistas da PERDIGÃO, cujo teor revela que dele não consta qualquer princípio básico a orientar os signatários no exercício de seu voto nas deliberações estratégicas da companhia.

No acordo da DRAFT, um certo trecho não muito claro conduz também à conclusão da prevalência do interesse das partes nas decisões estratégicas da companhia, a saber:

> AS PARTES se obrigam a exercer o direito de voto das AÇÕES, o poder de controle que detenham sobre os administradores da COMPANHIA [...] visando realizar os seguintes princípios, diretrizes e políticas:
>
> a) [...]
>
> b) levar em conta, nas decisões estratégicas da COMPANHIA e de suas CONTROLADAS, **o interesse das PARTES** em resguardar a continuidade e expansão das operações da COMPANHIA e de suas CONTROLADAS, o retorno financeiro dos investimentos [...]. (grifou-se)

Outrossim, bem conforme com a função social da empresa é a disposição do acordo de acionistas da SADIA que, a par de dispor que a empresa "será administrada com o intuito precípuo de gerar lucros, em vista de seus melhores interesses", conclui que estes, em caso de conflito, "sempre prevalecerão sobre os interesses específicos dos acionistas". Igualmente, no caso do acordo da PETROQUÍMICA UNIÃO, a questão assume adequado equilíbrio ao estabelecer que o objetivo da ampliação e modernização da empresa se realize "sem prejuízo do fluxo adequado de dividendos a seus acionistas [...], e ainda, acrescenta, "a preservação do meio ambiente". Ou seja, agrega-se outro princípio igualmente a ser atendido pelos acionistas controladores, qual seja a preservação do meio ambiente e, conseqüentemente, pode-se aduzir, o compromisso com a comunidade onde atua.

Aliás, a preservação do meio ambiente como princípio a regular a atuação dos controladores em relação à companhia, além do acordo de acionistas da PETROQUÍMICA UNIÃO, só é expressamente mencionada no acordo da NATURA.

Do mesmo modo praticamente não se encontram referências nos acordos examinados à relação da empresa com a comunidade, incluindo consumidores, usuários, clientes, fornecedores, e ainda acionistas minoritários. As referências obtidas mencionam apenas "adequada gestão das relações" da companhia com esses terceiros (VALEPAR, TAM e TELEMAR). No acordo de acionistas da USIMINAS prevê-se que o aprofundamento da sociedade no "relacionamento com seus fornecedores e clientes tradicionais, visando ao estabelecimento de parcerias mutuamente satisfatórias e estáveis, que facilitem o atendimento de seus objetivos de qualidade total e integração na comunidade a que serve" será feito "na medida de suas possibilidades e conveniências".

Ainda no mesmo sentido da ênfase na preservação do desenvolvimento da empresa, praticamente todos os acordos examinados contêm cláusula de compromisso dos acionistas de exercerem o seu direito de voto no sentido de orientar a administração da companhia para a busca de altos níveis de lucratividade, eficiência, produtividade e competitividade. Mas apenas o acordo de acionistas da NATURA acrescenta: "respeitando sempre o compromisso de ser um agente de promoção de desenvolvimento econômico, ambiental e social", em inteira consonância com os princípios constitucionais orientadores do princípio da função social da empresa.

Finalmente, no que tange aos interesses dos empregados, somente o acordo de acionistas da USIMINAS, do qual é parte a Caixa dos Empregados da Usiminas, prevê a "efetiva participação" no Conselho de Administração de um representante da Caixa dos Empregados da Usiminas que congrega empregados e aposentados da USIMINAS. Por outro lado, no entanto, entre os princípios mencionados para regular o relacionamento dos acionistas signatários do acordo da USIMINAS encontra-se o desenvolvimento contínuo e aprimorado de "pesquisa tecnológica, automação do processo produtivo e treinamento da força de trabalho"[...] "visando à melhoria de sua produção, redução de custos e aumento da rentabilidade e do retorno do investimento dos ACIONISTAS". Ou seja, sem qualquer menção a qualquer benefício para os empregados tal como a melhora das condições de trabalho, salariais ou profissionais.

No aspecto do atendimento aos interesses dos empregados da companhia, mais uma vez refira-se ao acordo da NATURA que inclui entre os objetivos básicos da política de recursos humanos os compromissos sociais assumidos junto à comunidade. Vale transcrever o inteiro teor desse "princípio básico", por revelar consonância com a axiologia constitucional:

> As decisões estratégicas da Companhia, bem como a política de recursos humanos, deverão ter como objetivos básicos e primordiais o crescimento sustentável de seus negócios e o exercício da razão de ser da Companhia, o desenvolvimento de novos projetos e a constante reafirmação dos compromissos econômicos, ambientais e sociais assumidos pela Companhia junto às comunidades em que atua.

Os acordos de acionistas da UOL, GLOBEX, GOL, SEGUROS, BANCO MERCANTIL, BANCO ITAÚ, ARACRUZ, BOMBRIL e UNIBANCO HOLDINGS não contêm qualquer referência a princípios norteadores do exercício do poder de controle da companhia de que são titulares seus signatários, que objetivassem o cumprimento da função social da empresa. Eles dispõem apenas sobre procedimentos do exercício do direito de voto e sobre os direitos patrimoniais decorrentes de suas ações.

4.9.1 – Conclusão: a regra é a busca do maior lucro para os acionistas e a maior produtividade para as empresas, numa ótica essencialmente individualista e patrimonialista

A leitura dos acordos de acionistas relacionados no inciso anterior permite concluir que ainda é a proteção dos interesses individuais dos acionistas, traduzidos na máxima obtenção de lucro e máximo retorno do investimento, a grande e quase única preocupação dos acionistas controladores reunidos no acordo de acionistas de comando. Até a preservação da empresa é vista sob o ângulo de sua maior produtividade e eficiência para possibilitar o máximo retorno dos investimentos feitos pelos acionistas.

Como já observado, numa economia capitalista como a brasileira o lucro há de ser validamente perseguido não só para remunerar mas também para incentivar o investimento privado. Portanto não há dúvida de representar o direito ao lucro um interesse protegido pelo ordenamento jurídico pátrio. Mas, o que se vê, é que ele é tratado como se fosse um direito absoluto e superior aos demais interesses que gravitam em torno da empresa e referidos no art. 170 da Lei Maior.

Em praticamente todos os acordos examinados não há sequer um princípio básico a ser implementado pela empresa no sentido da valorização do trabalho humano, da preservação dos empregos em detrimento do maior lucro ou crescente rentabilidade ou eficiência, a transformar em letra morta o princípio constitucional de que a empresa é um mero instrumento de realização e promoção da pessoa humana.

A prevalência do enfoque patrimonialista e individualista está muito presente nos acordos examinados, denotando que o pensamento empresarial ainda é quase totalmente conservador e dissociado dos princípios constitucionais. Em detrimento do enfoque valorativo da pessoa humana ou desenvolvimentista, comprometido com a redução das desigualdades regionais e sociais, o que ainda prepondera é uma visão exclusivamente econômico-financeira, em total confronto com a previsão constitucional de ser a empresa instrumento de realização de justiça social.

Por outro lado, cresce no Brasil o movimento de conscientização da responsabilidade social das companhias, certamente com algum atraso em relação aos Estados Unidos e aos países europeus, e ainda sem os resultados práticos esperados da consideração de que se trata efetivamente de um dever imposto pela ordem constitucional, e não de uma prática assistencialista, como se abordará no item seguinte.

4.10 – O movimento denominado "responsabilidade social corporativa" nas empresas listadas em 4.9

Uma pesquisa realizada nos *sites* das sociedades listadas no item 4.9 revela que praticamente todas elas relacionam atividades desenvolvidas no âmbito do que se intitula "responsabilidade social", apesar de o compromisso com essa atuação social, como já exposto, não constar majoritariamente dos respectivos acordos de acionistas de comando, como política ou princípio a ser observado pela companhia. Afinal, o que predomina: a orientação dos controladores contida nos acordos ou a que parece transparecer nas informações divulgadas na Internet?

Sobre o tema, a primeira questão que se coloca é verificar qual o significado e conteúdo da "responsabilidade social" ou "responsabilidade social corporativa".

"Responsabilidade social corporativa" corresponde a uma tradução da expressão "corporate social responsibility"[375], originária dos Estados Unidos, onde, por volta de 1960, começou a haver pressão para as companhias demonstrarem sua responsabilidade social, criando fundações próprias e programas de doações[376].

---

[375] Uma tradução melhor seria "responsabilidade social empresarial", adotada na Argentina, como se lê na entrevista concedida por Luis Ulla, Diretor Executivo do Instituto Argentino de Responsabilidade Social Empresarial (IARSE), à responsabilidadesocial.com, disponível no site http://www.responsabilidadesocial.com/article/article_view.php?id=391. Acesso em 5 de janeiro de 2006.
[376] Conforme SMITH, Craig . The new corporate philanthropy. **Harvard Business Review,** May-June 1994, 105-107, *apud* KOTLER, Philip; LEE, Nancy. **Corporate Social Responsibility.** Hoboken, New Jersey: John Wiley & Sons, Inc., 2005, p.7.

O *World Business Council for Sustainable Development* descreve a responsabilidade social corporativa como *"business commitment to contribute to sustainable economic development, working with employees, their families, the local community, and society at large to improve their quality of life"* [377], colocando ênfase, como se vê, no compromisso de contribuir para o desenvolvimento econômico, para a melhoria da qualidade de vida das pessoas.

Philip Kotler and Nancy Lee preferem definir responsabilidade social corporativa como *"a commitment to improve community well-being through discretionary business practices and contributions of corporate resources"*[378]. Esclarecendo que o termo *well-being* inclui tanto condições humanas quanto aspectos ambientais, os autores norte-americanos ressaltam que se trata de práticas discricionárias porque não se referem a atividades determinadas por lei ou que sejam morais ou éticas e, portanto, esperadas. Trata-se sim de um compromisso voluntariamente assumido pelas sociedades empresárias.

Com efeito, é cada vez mais disseminada no mundo a consciência de que os empresários têm responsabilidade social, o que se reflete nas maiores exigências das legislações trabalhistas, consumeristas, ambientais, de segurança e saúde no trabalho e muitas outras, quase sempre decorrentes das pressões de grupos da sociedade organizada para o estabelecimento de uma relação de qualidade com a comunidade.

No Brasil, sobre o tema, coloca-se então imediatamente uma outra questão: a atuação no âmbito da responsabilidade

---

[377] World Business Council for Sustainable Development, Corporate Social Responsibility,
http://www.wbcsd.ch/templates/TemplateWBCSD1/layout.asp?type=p&d
, acesso em 25 de março de 2004, *apud* KOTLER, Philip; LEE, Nancy. **Corporate Social Responsibility...**, p.7.
[378] KOTLER, Philip; LEE, Nancy. **Corporate Social Responsibility...**, p.3.

social tem caráter voluntário? Ou estão os empresários todos obrigados a assim agir?

O Código das Melhores Práticas de Governança Corporativa do Instituto Brasileiro de Governança Corporativa (IBGC), uma pessoa jurídica de direito privado, sem fins lucrativos, assim define responsabilidade corporativa, conforme revisão de outubro de 2003:

> [...] Responsabilidade corporativa é uma visão mais ampla da estratégia empresarial, contemplando todos os relacionamentos com a comunidade em que a sociedade atua. A "função social" da empresa deve incluir a criação de riquezas e de oportunidades de emprego, qualificação e diversidade da força de trabalho, estímulo ao desenvolvimento científico por intermédio de tecnologia, e melhoria da qualidade de vida por meio de ações educativas, culturais, assistenciais e de defesa do meio ambiente. Inclui-se neste princípio a contratação preferencial de recursos (trabalho e insumos) oferecidos pela própria comunidade.[379]

Como se vê, para o IBGC a chamada responsabilidade social corporativa consubstancia-se em manifestação da função social da empresa, cujo conteúdo expressamente menciona, dando especial ênfase à questão do emprego e à melhoria de qualidade de vida da comunidade, o que inclui a proteção ao meio ambiente.

A pesquisa realizada nos *sites* das companhias[380], cujos acordos de acionistas de comando foram analisados, é

---

[379] Disponível no site http://www.ibgc.org.br, acesso em 8 de janeiro de 2006.
[380] As pesquisas foram efetuadas nos seguintes *sites,* acessados em 10 de janeiro de 2006.:
http://www.grendene.com.br/www/company/community.aspx?language =o; http://www.pqu.com.br/siteundex.htm;

significativa no sentido da correlação do âmbito das atividades realizadas ou dos valores ditos como norteadores da empresa com os princípios e valores constitucionais para a ordem econômica. Praticamente todas (à exceção da GRENDENE, UOL e GOL, em relação às quais não se localizou a rubrica "responsabilidade social" e BRASILIANA, cujo *site* não foi encontrado) as companhias referem-se à valorização dos seus colaboradores (a maioria não chama de empregados), à proteção do meio ambiente, à defesa do consumidor e da concorrência, a atividades nas áreas de educação, saúde, cultura, esporte e lazer como atuação de responsabilidade social. Nessa mesma direção, também nos *sites* são fartas as referências a outros interesses que devem as sociedades atender, além dos da empresa e dos acionistas. A UNIÃO, por exemplo, entre os seus princípios relaciona o de "criar valor", que objetiva "procurar superar as necessidades

---

http://www.aracruz.com.br/pt/rsa2002guaiba/rsa_guaiba?htm;
http://www.natura.net-natura.net-RH;
http://www.bombril.com.br/empresa/responsabilidade/seguranca_trabalho/teseguranca.shtml;
http://a.248.e.akamai.net/F/248/13088/7d/www.pontofrio.com.br/pagina/relatoriosocial; http://www.tam.com.br.Institucional TAM;
http://www.perdigão.com.br/site/?acao=respsocial&subacao=content&nodeattribute=cidadania;
http://www.cpfl.com.br/new/conheca_energia/responsabilidade.asp;
 http://www.usiminas.com.br:USIMINAS 2004; http://www.ripasa.com.br;
http://www.ccrnet.com.br/ccrweb/responsabilidadesocial/index.cfm;
http://www.telemar.com.br; http://www.acosvillares.com.br;
 http://www.all-logistica.com/port/responsabilidadesocial ;
http://www.unibanco.com.br/arq/publicacao/int/qsn/003/rel_atividades_2003.pdf
http://www.ripasa.com.br/aripasa.cfm?cg=EBXProjetosSociais&noticia=1715;
http://www.sadia.com.br/br/empresa/responsabilidadesocial.asp;
http://www.ambev.com.br/res_03.htm;
http://200.189.182.180/rinovo/site/default.asp?menuid=199&regid=4703;
http://www.com.br/cvrd/cgi/cgilua.exe/sys/start.htm?sid=140;
http://www.acosvillares.com.br;
http://www.fundacaoitausocial.org.br/fundacao/principios.htm
http://www.uol.com.br;
http://www.voegol.com.br

e prioridades dos clientes, colaboradores, acionistas e comunidade". A AÇOS VILLARES, ao lado do seu objetivo principal, de busca de resultados, menciona a necessidade de conciliar os interesses dos "empregados, clientes, acionistas, fornecedores, comunidade, governo e entidades de classe." A DRAFT define sua missão como a de "atuar competitivamente no mercado energético nacional, promovendo a permanente satisfação de clientes, acionistas, colaboradores e parceiros, contribuindo para o desenvolvimento e o bem estar da sociedade."

A conclusão que se extrai é a de que função social da empresa e responsabilidade social corporativa são expressões equivalentes possuidoras do mesmo conteúdo axiológico. Sendo assim, pode-se concluir que as atividades desempenhadas pelas companhias sob o rótulo da responsabilidade social são manifestações dos deveres sociais impostos pela ordem econômica constitucional.

As mensagens das companhias quanto ao seu papel na sociedade não deixam dúvidas do entendimento do próprio setor empresarial no sentido de ser também seu dever e responsabilidade contribuir para o desenvolvimento econômico e social da sociedade brasileira. Citem-se os seguintes exemplos;

> ITAÚ – "Acreditamos que a transformação social necessária para a construção de um Brasil melhor só é possível por meio de uma articulação eficaz entre poder público, iniciativa privada e sociedade civil. Esses três setores têm competências diferentes mas complementares".

> TELEMAR: "A consciência de que a construção de um mundo melhor, com mais justiça e menos desigualdades, não é função exclusiva do Estado, mas um dever de cada cidadão, tem levado os diversos setores da sociedade a se organizarem em prol do bem comum. No

Brasil, como em todo o mundo, é crescente o número de empresas que chamaram para si a responsabilidade social e passaram a investir em ações de cidadania".

PERDIGÃO: "A empresa exerce a cidadania corporativa apoiada em três pilares: valorização dos funcionários, respeito ao meio ambiente e contribuição para o desenvolvimento das comunidades em que atua."

USIMINAS: "Empresa válida é aquela que merece o lucro realizado, que gera riquezas socialmente sancionáveis, que pauta suas relações com a sociedade na transparência, na responsabilidade diante de gerações futuras, na compreensão das dimensões sociais dos atos econômicos básicos e na seleção de agentes e parceiros comprometidos com os mesmos conceitos. É a empresa na qual negócios e ética são elementos indissociáveis."

GLOBEX – "A compreensão de que uma empresa de sucesso tem deveres sociais que vão além do pagamento de impostos". "Nosso envolvimento deve ir além da geração de empregos e do pagamento de impostos".

SADIA – "Desde o início de suas atividades, a Sadia é reconhecida como uma empresa socialmente responsável. Sua Missão é: Atender as necessidades de alimentação do ser humano, com produtos saborosos e saudáveis. Criar valor para o acionista, para o cliente e para o consumidor, contribuindo para o crescimento dos colaboradores".

NATURA – A página na Internet dessa companhia menciona ser da competência da empresa "contribuir para o aperfeiçoamento da sociedade, para o desenvolvimento econômico e ambiental sustentável e socialmente mais justo."

Igualmente, quanto às práticas mencionadas como de responsabilidade social, se pode nelas vislumbrar a concretização dos princípios constitucionais de valorização do trabalho, de defesa do meio ambiente, de solidariedade, de redução das desigualdades sociais e regionais e de promoção da justiça social. Como prova dessa assertiva, destaquem-se a seguir algumas das iniciativas empresariais constantes dos *sites* examinados.

Como expressão da valorização do trabalho, são muitas as referências a programas de treinamento e crescimento profissional, podendo citar-se, a título de exemplo, as constantes dos *sites* da SADIA, RIPASA, USIMINAS além da ALL e AMBEV, que até dispõem de uma "universidade corporativa". A GLOBEX, por sua vez, menciona a realização de atividades esportivas e de lazer para os seus empregados e filhos (colônias de férias) além de creche para os filhos dos empregados de 4 meses a 6 anos. O oferecimento de assistência médica, odontológica e hospitalar aos empregados também é uma constante, cabendo mencionar muitas iniciativas da CONCESSÕES quanto aos cuidados com a saúde física e mental de camioneiros.

Ainda em relação aos empregados, registre-se que a NATURA destaca a prioridade no recrutamento interno e a ARACRUZ, o tempo médio de 12 anos de permanência no emprego e a manutenção do nível de empregabilidade, aspectos também pertinentes à valorização do trabalho. Na PERDIGÃO, cabe relevar sua participação e gerência de programa habitacional para os seus empregados. Digno ainda de nota é o fato de a DRAFT II - e apenas ela - expressamente mencionar, como princípio da empresa, o de que ela "zela pelo equilíbrio entre a vida profissional e familiar de todos os profissionais que nela atuam", refletindo o princípio de ser a empresa instrumento de promoção da pessoa.

No que tange ao meio ambiente, todas as sociedades relacionam sua atuação de cumprimento da legislação ambiental como de responsabilidade social. SEGUROS E MERCANTIL (ambas aparecem no *site* do BRADESCO) fazem referência ao uso do papel reciclado e à exigência de que construtoras contratadas provem o adequado destino dos resíduos da construção. Outras também colaboram com a educação ambiental, como a BOMBRIL, quanto ao uso consciente da água, a UNIÃO, com o "Programa Acorde para o Meio Ambiente" e a RIPASA, com o "Projeto Barco Escola da Natureza".

A participação das sociedades empresárias em projetos nos setores de educação e saúde, muitos deles resultantes de parcerias com governos municipais, organizações não governamentais e outras sociedades, representam manifestação de solidariedade e certamente contribuem para a redução das desigualdades sociais. Entre tais projetos, podem-se destacar os trabalhos desenvolvidos pela PERDIGÃO ("Programa Atende", de construção de centros de saúde, programas "Cidadão do Futuro" e "Formação de Jovens e Adultos"), SADIA ("Programa de Educação Básica", "Alfabetização Solidária"), USIMINAS (construção de escolas, hospitais, clínicas), DRAFT ("Apoio às Santas Casas de Misericórdia", "Arte e Cultura como Expressão de Inclusão Social"), CONCESSÕES ("Programa parto Humanizado", "Programa SorriBan") e RIPASA ("Projeto Leva Jornal", "Projeto Salas de Leitura"). Também os projetos apontados nos *sites* na área cultural, muitos deles sob o amparo da Lei Rouanet[381] de incentivo à cultura, servem à mesma finalidade.

Quanto ao atendimento de interesses da comunidade, da participação na solução de problemas da comunidade onde as companhias atuam, são muitas as iniciativas alegadas,

---

[381] É o nome pelo qual é conhecida a Lei n° 8.313/91 que permite que os projetos aprovados pela Comissão Nacional de Incentivo à Cultura (CNIC) recebam patrocínios e doações de pessoas jurídicas ou físicas, que poderão abater do Imposto de Renda devido, ainda que parcialmente, os benefícios concedidos.

segundo o que se pôde ler nos *sites* da GLOBEX (educação esportiva, aulas de informática), SADIA (doação de duas toneladas de alimentos por mês para adolescentes), ARACRUZ (projetos de apoio a comunidades indígenas, "Viveiros Comunitários e Agricultura Familiar"), NATURA (projetos "Juventude do Futuro" e "Apoio ao Conselho Municipal de Direitos da Criança e do Adolescente"), PERDIGÃO ("Ação Perdigão Social"), RIPASA ("Projeto Ripasa Cidadã"), DRAFT (Creche Bento Quirino e Espaço Cultural CPFL), USIMINAS (planejamento urbanístico e construção de moradias em Ipatinga), UNIBANCO ("Programa de preparação para o trabalho", "Das ruas para as empresas") PETROQUÍMICA UNIÃO ("Programa Jovens Aprendizes", "Cinema na Praça").

A conclusão que se pode extrair do acima exposto é a revelação da consciência dos empresários de sua obrigação e necessidade de cumprirem sua função social, traduzida no cumprimento dos valores constitucionais, na realização de outros interesses além do de produzir lucros para a empresa e seus acionistas.

4.11. – A prevalência ainda da visão patrimonialista sobre a humanista. A necessidade de contínua intervenção do Estado.

Neste passo, diante do cenário acima exposto, cabe questionar, afinal, o que prevalece: a orientação constante dos respectivos acordos de acionistas - de natureza patrimonialista e individualista, recorde-se - ou aquela que parece revelar a "responsabilidade social corporativa" divulgada nos *sites* empresariais, de caráter solidário e humanista?

Embora tudo sugira haver também uma compreensão por parte dos empresários de que a atuação social nas empresas não mais se reveste de caráter assistencial ou filantrópico, sendo também dever da iniciativa privada, o fato é que essa atuação ainda não preenche o espaço imposto pela Constituição.

Basta ler, por exemplo, em quase todos os *sites* pesquisados sobre o tratamento dado à remuneração dos empregados para se concluir que o objetivo de redução de custos e de lucros cada vez maiores, como consta dos respectivos acordos de acionistas, ainda é o que prevalentemente norteia a atuação empresarial.

Tanto isso é verdade que uma condição constante da "responsabilidade social" mencionada por quase todas as sociedades é a previsão de uma remuneração variável para os empregados, com base em atingimento de metas coletivas e individuais. O empregado será mais bem remunerado se atingir as sempre crescentes metas individuais e coletivas de rentabilidade estabelecidas pela companhia. Isso não seria por si só condenável - aliás, a participação nos lucros e resultados, desvinculada de sua remuneração é direito social do trabalhador previsto no art. 7º, inciso XI, da Constituição - se não impusesse aos trabalhadores um trabalho "duro", levando tudo a ser feito com "senso de urgência", sob constante tensão, numa "batalha de melhores resultados", como sintomaticamente descreve a AMBEV em seu *site*.

É notório o fato de, nas empresas privadas, a regra ser um extenuante trabalho, não dando qualquer margem ao empregado de ser também uma "pessoa" e poder dedicar parte de seu tempo à sua família, ao lazer, ao cuidado com sua saúde, e, enfim, usufruir do produto do seu trabalho. No *site* do UNIBANCO, em confronto com essa triste realidade, consta: "Somos pessoas que atendem pessoas. Por maiores que sejam os recursos tecnológicos à disposição de um banco, ainda assim, ao final de cada comutação eletrônica, permanecerá a circunstância simples e irredutível de pessoas servindo pessoas." Mas as filas nos bancos continuam, a automação nas instituições financeiras gerou o desemprego, e o trabalho árduo é a tônica, levando a crer que cada empregado desempenha tarefas e funções que deveriam ser feitas por mais de um deles. A meta principal –o lucro crescente – deve ser atingida a qualquer custo!

A Constituição, em seu art. 170, ao fundamentar a ordem econômica na valorização do trabalho humano e na livre iniciativa, colocou o trabalho e o lucro no mesmo patamar, situando o trabalho como meio fundamental de realização da dignidade humana e de justiça social. E o que na realidade ocorre é a flagrante depreciação do trabalho em face do maior lucro. É a prevalência da máxima produtividade empresarial sobre o desenvolvimento e o bem-estar das pessoas.

Evidentemente a legislação trabalhista não ampara essa situação. Assim, é que o cumprimento da legislação sem dúvida implica o cumprimento de sua função social. Afinal, a legislação infraconstitucional representa a concretização dos princípios e valores constitucionais, sob pena de sua invalidade, como já se destacou nesta obra.

Nesse aspecto, registre-se ainda ser igualmente notório o fato de o objetivo do sempre maior lucro conduzir os empresários à realização dos famosos planejamentos tributários ou "planejamentos tributários" [382], ou seja, de meios que conduzam ao não pagamento ou ao menor pagamento possível de tributos, não levando em consideração que a contribuição fiscal é "instrumento de justiça social e de promoção civil"[383].

No que tange à observância da legislação consumerista, apesar do que se lê nos respectivos *sites*, a TELEMAR costuma estar sempre no topo das listas de reclamações dos centros de proteção ao consumidor, onde também aparecem a

---

[382] Coloca-se entre aspas por referir-se a hipóteses em que ocorrem, de fato, operações simuladas que objetivam exclusivamente o não pagamento ou a redução do valor do tributo que incidiria na real operação pretendida pelo contribuinte.
[383] PERLINGIERI, Pietro. **Perfis do Direito Civil...**, p.48, após observar que a obrigação tributária é calculada de acordo com a própria capacidade e segundo critérios de progressividade.

GLOBEX, o ITAÚ e o UNIBANCO, conforme estatística do ano de 2002.[384].

Desse modo, entende-se que uma providência importante para a busca do melhor equilíbrio entre os interesses da companhia e dos acionistas, de um lado, e os demais interesses abrangidos pela atividade empresarial, de outro, se traduziria no rigoroso cumprimento, pelas companhias, não só da legislação trabalhista, como também da tributária, consumerista, ambiental, concorrencial, de medicina, saúde e segurança no trabalho. Esse rigoroso cumprimento das leis é, aliás, expressamente reconhecido, por muitas das companhias pesquisadas, como manifestação de responsabilidade social, citando-se, a título de exemplo, a DRAFT.

Não pode haver dúvidas, portanto, de que o adstrito cumprimento da legislação representa cumprimento da função social da empresa, contribuindo para o atingimento do objetivo fundamental da República de "construir uma sociedade livre, justa e solidária".

A realidade brasileira, de profunda desigualdade social, e a importância da empresa na ordem econômica capitalista apontam para a necessidade de maior envolvimento e compromisso das sociedades empresárias com a transformação dessa realidade, a fim de tornar possível a participação de todos na vida do País e o pleno desenvolvimento da pessoa.

Existem já várias iniciativas destinadas a tornar transparente a atuação empresarial no âmbito social, até como estratégia de *marketing*, eis que a responsabilidade social melhora a imagem da empresa, e ainda para estimular as companhias a assumirem essa responsabilidade em suas devidas

---

[384] Informações obtidas no site
http://www.cosumidor.rj.gov/relatoriossited.asp. **Acesso em 3 de março de 2006.**

proporções[385]. Como uma das mais importantes pode mencionar-se a do Instituto Brasileiro de Análises Sociais e Econômicas (IBASE), que elaborou um modelo de Balanço Social, onde se divulgariam informações tendentes a dimensionar a participação das empresas no desenvolvimento social do país, quais sejam: faturamento, lucro, número de empregados e folha de pagamento bruta, valores gastos com encargos sociais e tributos, despesas com alimentação, treinamento, saúde e segurança do trabalhador, especificação dos benefícios concedidos, investimentos e doações voltados para a comunidade ou relativos ao meio ambiente e outras formas de participação social.[386]

Aderir a tais iniciativas, entretanto, fica a inteiro critério de cada empresário, inclusive, no que tange ao "Balanço Social", decidir que informações serão objeto de divulgação. Por isso não bastam, não produzem o resultado desejado.

---

[385] A Bolsa de Valores de São Paulo-BOVESPA, por exemplo, criou o Índice de Sustentabilidade Empresarial-ISE, "seguindo uma tendência mundial dos investidores de procurarem empresas socialmente responsáveis e rentáveis para aplicar seus recursos". O objetivo do ISE é "refletir o retorno de uma carteira composta por ações de empresas com reconhecido comprometimento com a responsabilidade social e a sustentabilidade empresarial, e também atuar como promotor das boas práticas no meio empresarial brasileiro" Conforme informações obtidas no *site* http://www.bovespa.com.br/InsMercado/REnda**Variavel/Indices/formC onsultaApresentaçaoP.as**p?Indice=ISE .Acesso em 8 de janeiro de 2006. A Fundação ABRINQ criou o programa " Empresa Amiga da Criança", que é "aquela que cumpre 10 compromissos com a infância e a adolescência, prevenindo e erradicando o trabalho infantil, garantindo saúde e educação aos filhos de funcionários e também investindo em ações que melhorem a qualidade de vida de crianças e adolescentes".Disponível no *site* http://www.fundabrinq.org.br/portal/alias_abrinq/lang_en/tabid_126/ default.aspx. Acesso em 20 de janeiro de 2006.
[386] Em São Paulo, foi aprovada a Resolução 05/98 que institui o dia da Empresa Cidadã e o Selo Empresa Cidadã, com o objetivo de estimular e reconhecer as sociedades que apresentarem qualidade em seu Balanço Social. Em Porto Alegre também se instituiu o Selo da Cidadania, sendo obrigatório para as sociedades com sede na cidade e com mais de 20 empregados a publicação de Balanço social. Informações obtidas no Relato Setorial nº 2 AS/GESET/BNDES, Disponível no *site* http://www.bndes.gov.br/conhecimento/relato/social02.pdf. **Acesso em 8 de janeiro de 2006**

Urge uma atuação mais efetiva do Estado, não só fiscalizando o cumprimento da legislação que regula a atividade empresarial, como também editando novas leis que possibilitem alcançar a almejada justiça social.

Nessa linha, como um bom exemplo de lei com esse objetivo, mencione-se o Anteprojeto de Lei que, em 2000, se encontrava em elaboração na Comissão de Valores Mobiliários. Tal anteprojeto, inspirado em legislação surgida na França e na Alemanha, visa a obrigar as empresas de grande porte à apresentação da Demonstração do Valor Adicionado (DVA), conforme noticia o Relato Setorial nº 2, de março de 2000, elaborado pela Área de Desenvolvimento Social –AS do Banco Nacional do Desenvolvimento Econômico e Social[387]. Esclarece o citado relatório que enquanto a demonstração de resultado procura determinar a parcela da riqueza (lucro) que cabe à empresa e seus acionistas, a demonstração de valor adicionado procura mensurar o total de riqueza criada e de que forma essa riqueza está sendo distribuída. Usualmente, o valor adicionado é calculado pela simples diferença entre as vendas brutas e o total de insumos adquiridos de terceiro. Quanto à distribuição do valor adicionado, deve ser evidenciado o montante destinado à própria empresa (lucro líquido), ao corpo funcional (salários e benefícios em geral), ao governo (sob a forma de impostos, inclusive os encargos sociais) e à comunidade (investimentos sociais e meio ambiente).

Trata-se, como se vê, de instrumento altamente importante para se realmente avaliar o cumprimento pela empresa de sua função social, sendo certo que a previsão legal de índices mínimos de adequada distribuição do valor adicionado, estabelecidos em função do porte e da situação financeira da companhia, completaria o quadro legal.

---

[387] Disponível no *site* http://www.bndes.gov.br/conhecimento/relato/social02.pdf. Acesso em 8 de janeiro de 2006.

Como alerta José Afonso da Silva, não constitui tarefa fácil realizar a justiça social no modelo capitalista, essencialmente individualista, que naturalmente propicia a concentração de capital, "com amplas camadas de população carente ao lado de minoria afortunada"[388]. O Professor reconhece, entretanto, que a Constituição preordena princípios da ordem econômica que possibilitam a compreensão de que o capitalismo concebido há de *humanizar-se,* embora ainda com uma certa descrença, acrescente entre parêntesis "(se é que isso seja possível)"[389].

A realidade brasileira, de profunda desigualdade e extrema injustiça social, obriga e torna premente uma contínua intervenção pelo Estado brasileiro na ordem econômica, seja legislativa, governamental ou judicial, a fim de que os acionistas controladores cumpram a função social do acordo de acionistas de comando, levando a companhia a cumprir a sua, para realizar o objetivo fundamental da República de construir uma sociedade livre, justa e solidária.

O caráter valorativo do ordenamento jurídico brasileiro impõe a compreensão de que a empresa é mero instrumento de realização da existência digna de todos, como já advertia José Lamartine Corrêa de Oliveira em 1979:

> A ordem jurídica só tem sentido quando orientada basicamente por determinados valores sem os quais ela não tem justificativa possível. Tais valores radicam, em última análise, na dignidade da pessoa humana, na fundamental existência de direitos dos homens, e de igualdade entre todos os homens. A pessoa jurídica, realidade acidental e subordinada a esses valores reitores da ordem jurídica, existe em função de

---

[388] SILVA, José Afonso. **Curso de Direito Constitucional Positivo.** 26.ed...., p. 789.
[389] Ibidem, p.790.

determinados fins, considerados humana e socialmente relevantes.³⁹⁰

---

³⁹⁰³⁹⁰ OLIVEIRA, José Lamartine Corrêa de. **A Dupla Crise da Pessoa Jurídica.** São Paulo:Saraiva, 1979, p.608..

CONCLUSÃO

Ao longo do presente trabalho procedeu-se ao exame da função social do acordo de acionistas de comando, considerando dois aspectos principais: a) um fático, qual seja a vigência do Código Civil de 2002, que incorporou toda a lei básica do direito societário no seu Livro II, intitulado "Do Direito de Empresa"; e b) um valorativo, proveniente da perspectiva civil-constitucional, no sentido de que toda norma infraconstitucional deve ser reconduzida aos valores constitucionais, centralizados na promoção da pessoa humana.

Eis as principais conclusões a que se chegou.

1 – A importância da empresa na ordem econômica capitalista, como o modelo constitucional brasileiro, resulta em atribuir ao acordo de acionistas, previsto na Lei nº 6.404/76, papel relevante para a composição de interesses na implementação de empreendimentos de grande porte. Justifica-se a identificação de sua natureza jurídica para determinar os princípios e regras que nele incidem, capazes de oferecer ao intérprete soluções para os problemas práticos da vida, que mais se conformam com os valores da justiça.

2 – O acordo de acionistas de comando, em que se concentrou a dissertação, é negócio jurídico classificado como contrato plurilateral e parassocietário. Plurilateral porque suas partes estão unidas pelo fim comum de exercer o controle de uma companhia. Parassocietário porque, embora distinto e autônomo em relação ao pacto societário, dele é dependente e nele se destina a produzir efeitos, resultando sua coligação funcional com o contrato social. Dessas características decorrem relações externas ao acordo de acionistas, importantes para a definição de sua função social.

3 – A partir do Código Civil de 2002, as sociedades anônimas, embora reguladas por lei especial, passam a integrar o

sistema do Direito de Empresa do Código Civil, não mais se justificando a discussão quanto à disciplina primordialmente societária ou civilista dos acordos de acionistas.

4 – A relação Direito Civil/Direito Constitucional (ou Direito Privado/Direito Público) evoluiu da absoluta separação dos respectivos âmbitos de atuação no Estado Liberal, passando para uma relação de complementariedade e dependência no Estado Social, até chegar ao estágio atual do Estado Democrático de Direito, de intensa interpenetração desses âmbitos.

5 – No Estado Liberal, cujos valores – individualismo, propriedade territorial e liberdade contratual – influenciaram o Código Civil de 1916, prevalecia a não intervenção estatal nas relações privadas, supostamente firmadas entre pessoas livres e iguais. A vontade individual só poderia limitar-se o mínimo necessário para permitir a convivência social. Os direitos fundamentais previstos na Constituição dirigiam-se apenas contra o poder estatal. O Código Civil era a verdadeira constituição do Direito Privado.

6 – No Estado Social do século XX, as Constituições passam a conter normas imperativas destinadas a intervir nas relações privadas, para proteger a parte mais fraca (empregado, locatário, consumidor) diante do poder econômico gerado pelo liberalismo. Limita-se a autonomia privada na busca da igualdade material. O Direito Privado socializa-se. Inicia-se a crise de distinção entre o Direito Público e o Direito Privado. Com a criação de leis esparsas para dar solução a conflitos sociais emergentes, o Código Civil perde a centralidade.

7 – No Estado Democrático de Direito ocorre a constitucionalização do Direito Civil. Na perspectiva civil-constitucional, a Constituição passa o ser centro do sistema jurídico a partir do reconhecimento de sua supremacia e normatividade, e conseqüente imperatividade, tanto de suas

regras quanto de seus princípios, obrigando os juristas a considerá-los sempre que devam resolver um caso concreto.

8 – Os princípios constitucionais, além de condensar valores compartilhados pela comunidade em dado momento e lugar, passam a desempenhar duas funções principais: dar unidade ao sistema e servir de critério interpretativo para o julgador na solução de casos concretos.

9 – A Constituição brasileira fundamenta-se na dignidade da pessoa humana e tem por objetivo a construção de uma sociedade livre, justa e solidária, impondo assim a despatrimonialização do Direito Civil, com a prevalência dos valores existenciais sobre os patrimoniais. No ordenamento brasileiro, alterou-se a ética individual da vontade e da liberdade para uma ética social da responsabilidade solidária.

10 – O novo constitucionalismo admite a aplicação direta dos princípios constitucionais às relações privadas, na ausência de lei ou quando a sua aplicação concreta revelar-se injusta. Condicionar sua aplicação à existência de lei infraconstitucional, como defendem os adeptos da teoria mediata da aplicação das normas constitucionais, implicaria total subversão do sistema.

11 – Não podem ser aceitas as críticas de que a aplicação direta dos princípios constitucionais gera insegurança jurídica, outorga excessivo poderes ao juiz e compromete o princípio da autonomia privada. O valor segurança não é absoluto, encontrando-se ao seu lado ou até acima dele a busca do fim maior do direito, que é o da realização da justiça material. A complexidade e rapidez das mudanças na sociedade torna inevitável a existência das cláusulas gerais e dos conceitos jurídicos indeterminados e a conseqüente outorga ao juiz, também pela legislação ordinária, de maiores poderes. O ato de decidir, em qualquer caso, envolve sempre um ato de escolha. O importante é que o juiz faça prevalecer, em decisão devidamente fundamentada, não os seus valores

pessoais, mas aqueles objetivamente prevalecentes naquele tempo na comunidade, incorporados, implícita ou explicitamente, nos princípios constitucionais. Por fim, não se trata de aniquilamento da autonomia privada, valor também protegido pelo ordenamento, mas sim de reconhecer-lhe valor igual – não superior – ao dos demais direitos fundamentais, de modo que o intérprete, considerando as peculiaridades do caso levado a sua apreciação, faça prevalecer o direito que melhor realize a justiça.

12 – A desigualdade social, injustiça social e assimetria vigentes na sociedade brasileira justificam ainda a aplicação direta dos princípios constitucionais como um reforço da tutela dos direitos humanos no campo privado, obrigando a adoção de posições comprometidas com a mudança do *status quo*.

13 – O novo constitucionalismo e o caráter pluralista da Constituição brasileira resultou no surgimento de nova técnica de interpretação denominada de ponderação, a ser aplicada nos chamados casos difíceis em que há a colisão de princípios. Pela ponderação, o intérprete procura atribuir peso aos princípios em conflito, sacrificando o mínimo de cada um.

14 – No que tange à interpretação jurídica, não mais se aceita a postura positivista de que a norma teria um sentido único, abstrato, tendencialmente imutável. Seja mediante o método de ponderação ou os métodos tradicionais de interpretação, a conclusão é de que, nesse processo, a norma e as circunstâncias do caso concreto são elementos inseparáveis e simultâneos de conhecimento, indispensáveis para a construção da decisão justa do problema submetido à decisão do intérprete.

15 – Os Tribunais Superiores brasileiros já vêm decidindo mediante aplicação direta dos princípios constitucionais às relações privadas, em especial o da dignidade da pessoa

humana, como também levando em consideração as peculiaridades do caso em exame, para a melhor e mais justa aplicação da lei e dos princípios que a fundamentam.

16 – A perspectiva civil-constitucional conduz à conclusão de que a análise da função social do acordo de acionistas de comando e da legislação que a rege há de ser feita de modo a realizar o quadro axiológico previsto na Constituição, a partir da cláusula geral de tutela da pessoa humana.

17 – A natureza jurídica do acordo de acionistas, de contrato – principal instrumento da ordem econômica - e a sua estreita vinculação à sociedade empresária – principal agente da ordem econômica capitalista brasileira – conduzem à sujeição do acordo basicamente ao atendimento dos fundamentos, fins, princípios e valores constantes do art. 170 da Magna Carta.

18 – A existência de princípios conflitantes no art. 170 da Constituição, como o da propriedade e o da função social da propriedade, o do desenvolvimento econômico e o do meio ambiente, direciona o operador do direito a, em muitos casos, na busca da melhor aplicação dos princípios da função social do contrato e da função social da empresa, adotar a ponderação, como técnica de interpretação.

19 – A ótica humanista e solidarista da Constituição brasileira, da qual constitui um objetivo a redução das desigualdades sociais, resulta em atribuir a todo direito uma função econômico-social. Essa função define o seu exercício, justifica a sua atribuição ao titular e sua tutela pelo ordenamento. O exercício da autonomia privada, assim, deve orientar-se também pela utilidade que possa ter na consecução dos interesses gerais da comunidade e na promoção da pessoa humana e sua dignidade, resultando sempre numa situação jurídica complexa, composta tanto de direitos quanto de deveres.

20 – Refletindo os princípios constitucionais, o art. 421 do Código Civil – que incide sobre o acordo de acionistas em função de sua natureza de contrato – e o art. 116 da Lei das Sociedades por Ações, que obriga os acionistas controladores reunidos no acordo de acionistas de comando a fazer com que a empresa cumpra sua função social, limitam a liberdade de contratar e representam manifestações, na legislação ordinária, da funcionalização e socialização dos institutos jurídicos.

21 – Tanto o art. 421 do Código Civil quanto o parágrafo único do art. 116 da Lei Acionária consubstanciam cláusulas gerais, cujo conteúdo deve ser preenchido com a axiologia constitucional, pressupondo um exame valorativo do caso concreto a ser casuisticamente determinado pelo julgador. O ato praticado em desacordo com essa axiologia é considerado abusivo, antissocial, por não atender a sua função econômico-social.

22 – O cumprimento da função social do contrato deve ser verificado tanto na relação interna, com ênfase na realização dos interesses individuais das partes, quanto na relação externa dos contratantes, com ênfase no atendimento dos interesses coletivos. Na relação interna, há de atender aos princípios da igualdade material, da boa-fé objetiva, de equidade, de solidariedade e de promoção da pessoa, que mitigam os princípios liberais da liberdade contratual e da obrigatoriedade do contrato. Na relação externa, o contrato deve traduzir também o cumprimento dos princípios da solidariedade e da justiça social, além de obrigar terceiros, que tenham conhecimento de seu conteúdo, a respeitá-lo, rompendo com o princípio da relatividade dos contratos. A centralidade da pessoa humana no ordenamento brasileiro leva a definir o interesse coletivo como veículo de realização dos interesses das pessoas que o integram no presente e no futuro.

23 – Portanto, seja na relação interna quanto externa do contrato, são dois os princípios comuns que informam o conteúdo de sua função social: o da solidariedade e o da dignidade da pessoa humana.

24 – Nos contratos em que as partes não se situam em posição de igualdade, há de se atentar mais à relação interna para verificar o cumprimento de sua função social. Em outros, onde há o equilíbrio das partes, como de regra ocorre com os acordos de acionistas de comando, a verificação do atendimento coletivo assume especial relevância.

25 – A consideração pelos contratantes de interesses coletivos não implica o aniquilamento da liberdade individual. O confronto entre a liberdade individual – que fundamenta a prevalência dos interesses individuais – e a solidariedade social – que fundamenta a prevalência dos interesses sociais – há de ser apreciado caso a caso, mediante a técnica interpretativa da ponderação, tendo como norte a realização da pessoa humana.

26 – Decisões de Tribunais brasileiros revelam que o princípio da função social do contrato tem sido entendido como limitador da autonomia da vontade e do princípio da força obrigatória dele decorrente, apto a permitir a interferência do juiz na relação interna dos contratantes para realizar a justiça contratual. Também, mediante alegação da função social do contrato, as decisões têm considerado a importância dos contratos para a promoção da pessoa humana e os efeitos de relevância social que produzem, como são os contratos para aquisição de casa própria, de seguro-saúde e de serviços educacionais.

27 – A função social do acordo de acionistas de comando deve ser essencialmente apreciada na relação externa do acordo, a partir dos efeitos que produz na companhia. Na relação interna, em razão de sua condição de contrato plurilateral, voltado para a realização de um fim comum, é irrelevante o

princípio do equilíbrio contratual, já que as prestações não são correspectivas, mas avulta de importância o princípio da boa-fé objetiva.

28 – Fazer a companhia cumprir sua função social constitui a razão pela qual a lei atribui aos acionistas controladores reunidos no acordo de acionistas de comando o poder de dirigir os negócios da companhia ("poder-função"). Assim, o fim econômico-social do acordo de acionistas de comando em sua relação externa confunde-se com a função social da empresa.

29 – A apreciação do disposto no parágrafo único do art. 116 da Lei nº 6.404/76 deve ser feita, não a partir das teorias institucionalistas, mas segundo a perspectiva civil-constitucional, à luz dos valores albergados na Constituição.

30 – Os princípios da função social da propriedade, da função social da empresa e da função social do contrato são intrinsecamente relacionados. A função social da empresa deriva da função social da propriedade; a função social da propriedade afeta necessariamente o contrato, como instrumento que a faz circular; sendo o contrato o principal instrumento de gestão de recursos e de propulsão da economia, é profunda a relação entre o contrato e a empresa. Vinculando-se o contrato, a propriedade e a empresa à atividade econômica, sujeitam-se eles aos fundamentos, princípios e fins que norteiam essa atividade, iluminados sempre pelos princípios fundamentais da República, previstos, em especial, nos artigos 1º e 3º da Lei Maior.

31 – A leitura do art 170 da Constituição revela que o exercício da atividade econômica é amplamente vinculado ao atendimento de outros interesses, além do de produzir lucros para seus acionistas, e finalisticamente comprometido com a realização da justiça social e a promoção da dignidade da pessoa humana. Seus fundamentos são não só a livre iniciativa mas também a valorização do trabalho humano.

32 – O disposto no art. 170 da Constituição afasta assim a interpretação de que à empresa caberia somente a função de unidade produtora de lucros destinada a atender exclusivamente o interesse da sociedade e de seus sócios. A tábua axiológica da ordem econômica constitucional transparece tanto no art. 154 quanto no parágrafo único do art. 116, ambos da Lei nº 6.404/76, e deles informa o conteúdo, na medida em que esses dispositivos impõem ao administrador o dever de agir de modo a satisfazer também às "exigências do bem público e da função social da empresa", e obrigam os acionistas participantes do acordo de acionistas de comando ao atendimento dos direitos e interesses dos demais acionistas da companhia, dos que nela trabalham e da comunidade em que atua.

33 – A visão constitucional solidarista e centrada na promoção da dignidade humana, e não individualista, implica que a realização dos demais interesses intra e extrassocietários assume importância decisiva na ponderação com os interesses individuais resumidos principalmente no direito ao lucro, mas este não pode ser totalmente desconsiderado. Mediante a ponderação dos valores em conflito, deve-se, consideradas as peculiaridades do caso concreto, fazer concessões recíprocas, sacrificando o mínimo de cada um dos princípios ou direitos em oposição. No caso do direito à percepção dos lucros, lembre-se que a Constituição não protege "o aumento arbitrário dos lucros", razão pela qual o direito a ser ponderado, em cada caso, é o direito ao lucro justo, razoável. Esse é que deverá ser minimamente sacrificado.

34 – A legislação e jurisprudência brasileiras são fartas em hipóteses reveladoras de que a função social da propriedade e do contrato resulta na imposição de deveres positivos aos respectivos titulares. A profunda relação entre a função social da propriedade, do contrato e da empresa constitui também uma evidência de que a função social da empresa não importa apenas na imposição de deveres negativos, no

estabelecimento de limites de atuação, mas também de deveres positivos, de obrigações de fazer, para a concretização dos fins e valores constitucionais para a ordem econômica.

35 – O Supremo Tribunal Federal e o Superior Tribunal de Justiça já se manifestaram favoravelmente à constitucionalidade de leis que impõem deveres positivos às sociedades, ponderando os princípios da livre iniciativa, da livre concorrência e da propriedade com os da defesa do consumidor, da redução das desigualdades regionais e sociais e da promoção da dignidade da pessoa humana.

36 – A leitura dos acordos de acionistas de vinte e cinco companhias abertas evidenciou que ainda é a proteção dos interesses individuais dos acionistas, traduzidos na máxima obtenção de lucro e máximo retorno do investimento, a principal preocupação dos acionistas controladores dele signatários. Em detrimento do enfoque valorativo da pessoa humana ou desenvolvimentista, comprometido com a redução das desigualdades regionais e sociais, o que ainda prepondera é uma visão patrimonialista e individual, em total confronto com a previsão constitucional de ser a empresa instrumento de realização de justiça social.

37 – A consulta aos *sites* das companhias abertas, cujos acordos foram examinados, revela que praticamente todas divulgam a prática de atividades sob o título "responsabilidade social corporativa". A identificação dessas atividades conduz à conclusão de que a função social da empresa e responsabilidade social corporativa são expressões equivalentes, possuidoras do mesmo conteúdo axiológico. Sendo assim, pode-se concluir que as atividades desempenhadas pelas companhias sob o rótulo da responsabilidade social são manifestações dos deveres sociais impostos pela ordem econômica constitucional.

38 – Pôde-se também constatar que as companhias, seus administradores e controladores têm plena consciência não só de sua obrigação de dar cumprimento à função social da empresa, como também do fato de que tal função se traduz na realização de outros interesses além do de produzir lucros para ela e seus acionistas.

39 – Entretanto, um exame mais cuidadoso do conteúdo das informações disponibilizadas combinado com fatos notórios da realidade empresarial brasileira, mormente quanto ao tratamento dado ao trabalho humano, fazem transparecer que, de fato, o que ocorre é a flagrante depreciação do trabalho em face do maior lucro, o que predomina é a máxima produtividade empresarial sobre o desenvolvimento e o bem-estar das pessoas.

40 – Para a busca do melhor equilíbrio entre os interesses da sociedade e dos acionistas, de um lado, e os demais interesses intra e extrassocietários abrangidos pela atividade empresarial, de outro, é fundamental o rigoroso cumprimento, pelas companhias, não só da legislação trabalhista, como também da tributária, consumerista, ambiental, concorrencial, de medicina, saúde e segurança no trabalho. Esse rigoroso cumprimento das leis constitui também manifestação do cumprimento da função social da empresa, como, aliás, é expressamente reconhecido, na Internet, por muitas das companhias pesquisadas.

41 – A realidade brasileira, de profunda desigualdade social, e a importância da empresa na ordem econômica capitalista apontam para a necessidade de maior envolvimento e compromisso das sociedades empresárias com a transformação dessa realidade, a fim de tornar possível a participação de todos na vida do País e o pleno desenvolvimento da pessoa.

42 – Essa dura realidade obriga e torna premente uma contínua intervenção do Estado brasileiro na ordem

econômica, seja de ordem legislativa, governamental ou judicial, a fim de que os acionistas controladores cumpram a função social do acordo de acionistas de comando, levando a companhia a cumprir a sua, para realizar o objetivo fundamental da República de construir uma sociedade livre, justa e solidária.

REFERÊNCIAS

AGUIAR JR., Ruy Rosado de. A boa-fé na relação de consumo. **Revista de Direito do Consumidor**. São Paulo: Rev.Tribunais, n. 14, p.20-32, abril/junho 1995.

____ Projeto do Código Civil: as obrigações e os contratos. **Revista de Direito Renovar**. Rio de Janeiro:Renovar, n.15, p.19-35, set/dez 1999.

ALEXY, Robert. **Teoria de los Derechos Fundamentales.** Trad. de Ernesto Garzon Valdez. Madrid: Centro de Estúdios Políticos y Constitucionales, 2002.

AMARAL, Francisco. O Direito Civil na pós-modernidade. *In* FIUZA, César; SÁ, Maria de Fátima Freire de; NAVES, Bruno Torquato de Oliveira. (Coords.) **Direito Civil. Atualidades.** Belo Horizonte: Del Rey, 2003, p. 61-77.

____. Autonomia Privada. Disponível em http:www.cjf.gov.br/revista/numeo9/artigo5.htm. Acesso em 11 de janeiro de 2006.

ARCE y FLÓRES-VALDÉS, Joaquín. .**El Derecho civil-constitucional.** Madrid:CIVITAS, 1986.

ASCARELLI, Tullio. O contrato plurilateral. **Problemas das Sociedades Anônimas e Direito Comparado**, 2.ed. São Paulo: Saraiva, 1969, p.255-312.

ASCENÇÃO, José de Oliveira. **Direito Comercial.** v.4. Sociedades Comerciais.Parte geral. Lisboa: [S.n.]. 2000.

____. **Direito Civil.Teoria Geral.** v.2., 2 ed. Coimbra:Coimbra Editora, 2000.

ASQUINI, Alberto. Perfis da empresa.(Profili dell'impresa, in Revista del Diritto Commerciale, 1943, v. 41, I, Tradução de Fábio Konder Comparato) .**Revista de Direito Mercantil, Industrial, Econômico e Financeiro** .n.104. São Paulo:

Revista dos Tribunais, p.109-126, outubro/dezembro de 1996.

ÁVILA, Humberto. **Teoria dos princípios (da definição à aplicação dos princípios jurídicos)..** 4 ed. São Paulo: Malheiros Editores, 2004.

AZEVEDO, Antonio Junqueira de. Princípios do novo direito contratual e desregulamentação do mercado, direito de exclusividade nas relações contratuais de fornecimento, função social do contrato e responsabilidade aquiliana do terceiro que contribui para inadimplemento contratual. **Revista dos Tribunais.** São Paulo:Revista dos Tribunais, n. 750, p.113-120, abr.1998.

BARBI FILHO, Celso Agrícola. Acordo de acionistas: panorama atual do instituto no direito brasileiro e propostas para a reforma de sua disciplina legal. **Revista de Direito Bancário, do Mercado de Capitais e da Arbitragem.**.São Paulo:Revista dos Tribunais, n. 8, p.31-59, abr./jun.2000

BARCELLOS, Ana Paula de. **A eficácia jurídica dos princípios constitucionais. O princípio da dignidade da pessoa humana.** Rio de Janeiro. São Paulo:Renovar, 2002.

BARRETO FILHO, Oscar. A dignidade do Direito Mercantil. **Revista de Direito Mercantil, Industrial, Econômico e Financeiro.** São Paulo:Revista dos Tribunais, n.2, Nova Série,1973, p.11-21.

BARROSO, Luís Roberto.**Interpretação e Aplicação da Constituição.** 6 ed.rev. atual. e ampl. Rio de Janeiro:Saraiva, 2004.

_____.O novo direito constitucional e a constitucionalização do direito.*In:* **Temas de Direito Constitucional.** Tomo III. Rio de Janeiro: Renovar, 2005, p. 505-518.

_____.**O Direito Constitucional e a efetividade de suas normas. Limites e possibilidades da Constituição Brasileira.** Rio de Janeiro:Renovar, 1990.

_____. Fundamentos teóricos e filosóficos do novo direito constitucional brasileiro (pós-modernidade, teoria crítica e pós-positivismo). *In:* BARROSO, Luís Roberto (Org.) **A nova interpretação constitucional:.ponderação, direitos fundamentais e relações privadas.** Rio de Janeiro-S. Paulo: Renovar, 2003, p. 1-49.

BARROSO, Luís Roberto; BARCELLOS, Ana Paula de. O começo da História. A nova interpretação constitucional e o papel dos princípios no direito brasileiro. *In:* BARROSO, Luís Roberto (Org.) **A nova interpretação constitucional: ponderação, direitos fundamentais e relações privadas.** Rio de Janeiro-São Paulo, Renovar, 2003, p. 327-378.

BESSONE, Darcy. Acordo de acionistas: poderes do acionista controlador de sociedade anônima. Arts. 116, 238 e 273 da Lei 6.404/76. **Revista dos Tribunais**. São Paulo. v.80. n.672. p.21-46. out. 1991.

_____, **Do contrato.** Rio de Janeiro: Forense, 1.ed., 1960.

BETTI, Emilio. **Teoria Geral do Negócio Jurídico**, Tomo I, Tradução de Fernando de Miranda. Coimbra: Coimbra Editora, 1969.

BILBAO UBILLOS, Juan Maria. En qué medida vinculan a los particulares los derechos fundamentales? *In:* SARLET, Ingo Wolfgang (Org.). **Constituição, Direitos Fundamentais e Direito Privado.** Porto Alegre:Livraria do Advogado, 2003, p. 299-338.

BOBBIO, Norberto. **Teoria do Ordenamento Jurídico.**Trad. Maria Celeste Cordeiro Leite dos Santos; Revisão Técnica: Cláudio de Cicco. 7. ed. Brasília: Editora Universidade de Brasília, 1996.

BORBA, José Edwaldo Tavares. **Direito Societário.** 5.ed. rev., atualiz. e aum. Rio de Janeiro:Renovar, 1999.

BULGARELLI, Waldirio. **Manual das Sociedades Anônimas.** 10. ed. São Paulo:Atlas, 1998.

CANARIS, Claus-Wihelm. A influência dos direitos fundamentais sobre o direito privado na Alemanha. Tradução de Peter Naumann. *In:* SARLET, Ingo Wolfgang (Org.). **Constituição, Direitos Fundamentais e Direito Privado.** Porto Alegre:Livraria do Advogado, 2003.

CAPITANT, Henri. **De la causa de las obligaciones.** Trad. e notas por Eugenio Tarragato y Contreras. Madrid:Gongora, 1927.

CARPENA, Heloísa. O abuso do direito no Código de 2002.Relativização de direitos na ótica civil-constitucional. *In* TEPEDINO,Gustavo. (Org.) **A parte geral do novo Código Civil.** Rio de Janeiro: Renovar, 2003.

CARVALHOSA, Modesto. **Acordo de Acionistas.** São Paulo: Saraiva, 1984.

COELHO, Fábio Ulhoa.**Curso de Direito Comercial.** v.2. São Paulo: Saraiva, 1999.

COMPARATO, Fábio Konder; SALOMÃO FILHO, Calixto. **O poder de controle na sociedade anônima.** 4. ed. Rio de Janeiro: Forense, 2005.

COMPARATO, Fábio Konder. **O poder de controle na sociedade anônima.** São Paulo: Revista dos Tribunais, 1976.

_____. Eficácia dos acordos de acionistas. **Novos ensaios e pareceres de Direito Empresarial.** Rio de Janeiro:Forense, 1981, p.74-87.

_____. Validade e eficácia de acordo de acionistas. Execução específica de suas estipulações. **Novos ensaios e pareceres de Direito Empresarial.** Rio de Janeiro:Forense, 1981, p.52-73.

_____. **Aspectos jurídicos da macro-empresa.** SãoPaulo:Rev.dos Tribunais,1970.

_____. A reforma da empresa. **Direito empresarial. Estudos e pareceres.** São Paulo:Saraiva, 1990, p.3-26.

_____. Função social da propriedade dos bens de produção. **Direito empresarial. Estudos e pareceres.** São Paulo:Saraiva, 1990, p. 27-37.

_____. Estado, empresa e função social. **Revista dos Tribunais.** São Paulo:Rev.Tribunais, v.732, out.1996, p.38-46.

CORDEIRO, António Menezes.**Tratado de Direito Civil Português.** I Parte Geral tomo I, 2ª edição, Coimbra: Livraria Almedina.

COSTA, Mário Júlio de Almeida. **Direito das Obrigações.** 8. ed. rev.e aum.Coimbra:Almedina, 2000.

DWORKING, Ronald. **Taking rights seriously.** Cambridge, Massachusetts, Harvard University Press, 1997.

EIZIRIK, Nelson. Acordo de acionistas- arquivamento sede social – vinculação dos administradores de sociedade controlada. **Revista de Direito Mercantil, Industrial, Econômico e Financeiro**, São Paulo, v.129, p.45-53, jan/mar. 2003.

ENGISCH, Karl. **Introdução ao Pensamento Jurídico.** 8.ed. Tradução de J.Baptista Machado.Lisboa:Fundação Kalouste Gulbenkian, 2001.

FACCHINI NETO, Eugênio. Reflexões histórico-evolutivas sobre a constitucionalização do direito privado. *In:* SARLET, Ingo Wolfgang (Org.). **Constituição, Direitos Fundamentais e Direito Privado.** Porto Alegre: Livraria do Advogado, 2003, p.11-60.

FORGIONI, Paula A.;MESSINA, Paulo de Lorenzo. **Sociedades por Ações:jurisprudência, casos e comentários.** S.Paulo:Revista dos Tribunais, 1999, p.140/141.

GALGANO,Francesco. **Diritto Privato.** 12ª ed. Milão:CEDAM, 2004.

GARCIA DE ENTERRIA, Eduardo. **La Constitución Española de 1978 como pacto social y como norma jurídica.** Madrid:INAP, 2003.

GEVURTZ, Franklin A. **Corporation Law**, West Group:St.Paul, Minn., 2000.

GIORGIANNI, Michele. O Direito Privado e suas fronteiras atuais. .Trad. Maria Cristina De Cicco. **Revista dos Tribunais.** Rio de Janeiro:Rev.dos Tribunais, nº 747[separata], p.35-55, jan.1988.

GODOY, Cláudio Luiz Bueno de. **Função social do contrato:os novos princípios contratuais.** São Paulo:Saraiva, 2004.

GOMES, Orlando.**Contratos.** 5ª ed.Rio de Janeiro:Forense, 1975

____. Autonomia Privada e Negócio Jurídico. **Novos Temas de Direito Civil.** Rio de Janeiro: Forense, 1983, p.77-89.

____. A função do contrato. **Novos temas de Direito Civil.** Rio de Janeiro:Forense, 1983.

GRAU, Eros Roberto Grau. **A ordem econômica na Constituição de 1988.** 4.ed.rev. e atualiz. São Paulo:Malheiros Editores, 1998.

HESSE, Konrad. **Derecho Constitucional y Derecho Privado.**Trad. e introd.Ignacio Gutiérrez Gutiérrez. Madrid:Editorial Civitas, 1995, p. 38.

____. **Escritos de Derecho Constitucional.** Trad. Pedro Cruz Villalón. Madrid:Centro de Estúdios Constitucionales, 1983.

HIRONAKA, Giselda M. Fernandes Novaes. A função social do contrato. **Revista de Direito Civil.** São Paulo:Revista dos Tribunais, n. 45, p. 141-152, jul-set.1988.

KELSEN, Hans. **Teoria Pura do Direito.** Trad. Dr. João Baptista Machado. 4. ed. Coimbra: Armênio Amado – Editor, Sucessor, 1976.

KOTLER, Philip; LEE, Nancy. **Corporate Social Responsibility.** Hoboken, New Jersey: John Wiley & Sons, Inc., 2005.

LACERDA, Jozé Cândido Sampaio de. **Lições de Direito Comercial Terrestre.** Primeira Série. Rio de Janeiro: Forense, 1970.

LAMY FILHO, Alfredo; PEDREIRA, José Luiz Bulhões. **A Lei das S.A. Pressupostos elaboração.** 2. ed. v.1, Rio de Janeiro:Renovar, 1996.

_____. **A Lei das S.A. Pareceres.** 2. ed. v.2, Rio de Janeiro:Renovar, 1995.

LEÃES, Luiz Gastão Paes de Barros. Exposição e Consulta – Do negócio jurídico ao contrato – Relatividade dos contratos e produção de efeitos em terceiros – Oponibilidade a terceiros e regime de publicidade – Acordo de acionistas e regime de publicidade - O acordo de acionistas do banco.- O arquivamento do acordo de acionistas de 8.10.76 – A desnecessidade da confirmação do acordo de 8.10.76 – A denúncia qualificada do acordo de acionistas – Conclusão. **Revista Forense.** Rio de Janeiro, ano 83, v.297, p. 161-168, jan/mar 1987.

_____. Pactos Parassociais. Natureza jurídica –Execução específica – Opção de recompra de participação societária e inexistência de infringência dos arts. 288 do CComercial e

1. 372 do CC, por não configurar pacto leonino. **Revista dos Tribunais.** S.Paulo: Revista dos Tribunais, n.601,p. 40-49, novembro de 1985.

_____.A disciplina do direito de empresa no novo Código Civil brasileiro. **Revista de Direito Mercantil, Industrial,**

Econômico e Financeiro. São Paulo:Malheiros Editores, v.128, p.7-14, out´dez. 2002.

LÔBO, Paulo Luiz Netto. Princípios Sociais dos Contratos no CDC e no Novo Código Civil. Disponível em **http://www.mundojuridico.adv.br/documentos/artigos/ texto444.doc**. Acesso em 5 de agosto de 2005.

_____. **Contrato e mudança social.** Revista dos Tribunais, ano 84, vol. 722, dez 1995. São Paulo:Revista dos Tribunais, p.40-45.

_____. Constitucionalização do Direito Civil. *In* FIUZA, César; SÁ, Maria de Fátima Freire de; NAVES, Bruno Torquato de Oliveira.(Coords.) **Direito Civil. Atualidades.** Belo Horizonte: Del Rey, 2003, p.197-216.

MARTINS, Fran. **Comentários à Lei das Sociedades Anônimas.** v. 2, t. I; Rio de Janeiro:Forense, 1978.

MELLO, Celso Antônio Bandeira de. **Curso de Direito Administrativo.** 17. ed.rev.atualiz. São Paulo:Malheiros, 2004.

MORAES, Maria Celina Bodin de. Constituição e Direito Civil.Tendências. **Revista dos Tribunais.** S.Paulo:Revista dos Tribunais, n.779, 2000.

_____.O conceito de dignidade humana:substrato axiológico e conteúdo normativo. *In:* SARLET, Ingo Wolfgang (Org.). **Constituição, Direitos Fundamentais e Direito Privado.** Porto Alegre:Livraria do Advogado, 2003,p. 114-115.

_____.O Princípio da Solidariedade. *In*: PEIXINHO Manuel Messias; GUERRA, Isabella Franco; NASCIMENTO FILHO, Firly. (Orgs.) **Os princípios da Constituição de 1988.** Rio de Janeiro:Lúmen Iuris, 2001, p. 167-190.

_____. A caminho de um Direito Civil Constitucional. **Revista de Direito Civil**, v.65, p. 23 e ss.

_____. A constitucionalização do Direito Civil. **Revista Brasileira de Direito Comparado.** Rio de Janeiro: Instituto de Direito Comparado Luso-Brasileiro, 1999, p.76 a 89.

_____.**Danos à pessoa humana.Uma leitura civil-constitucional dos danos morais.** Rio de Janeiro: Renovar, 2003.

MUNHOZ, Eduardo Secchi. **Empresa contemporânea e Direito Societário.** São Paulo: Edit.Juarez de Oliveira, 2002.

NALIN, Paulo. A função social do contrato no futuro Código Civil Brasileiro. **Revista de Direito Privado.** São Paulo:RT, v.12, p.50-60, out/dez.2002.

NEGREIROS, Teresa.**Teoria do Contrato. Novos paradigmas.** Rio de Janeiro/São Paulo: Renovar, 2002.

NORONHA, Fernando. **O direito dos contratos e seus princípios fundamentais.** São Paulo: Saraiva, 1994.

OLIVEIRA, José Lamartine Corrêa de. **A Dupla Crise da Pessoa Jurídica.** São Paulo:Saraiva, 1979.

PEDROL, Antonio. **La anónima actual y la sindicación de acciones.** Madrid: Editorial Revista de Derecho Privado, 1969.

PEREIRA, Caio Mário da Silva. **Instituições de Direito Civil.** Vol .II. 2ªed. Rio de Janeiro:Forense, 1970.

_____. **Instituições de Direito Civil.** v.3. 2.ed. Rio de Janeiro: Forense, 1970.

PEREIRA, Jane Reis Gonçalves. Apontamentos sobre a aplicação das normas de direito fundamental nas relações jurídicas entre particulares. *In:* BARROSO, Luís Roberto(Org.) **A nova interpretação constitucional: ponderação, direitos fundamentais e relações privadas.** Rio de Janeiro-São Paulo: Renovar, 2003, p. 129.

PERLINGIERI, Pietro. **Perfis do Direito Civil. Introdução ao Direito Civil Constitucional.** Tradução de Maria Cristina de Cicco.3. ed. rev.e ampl. Rio de Janeiro:Renovar, 1997.

PONTES DE MIRANDA, Franciso Cavalcanti. **Tratado de Direito Privado.** Parte Especial, Tomo LI, 3. ed. 2. reimp. São Paulo: Ed.Revista dos Tribunais, 1984.

____. **Tratado de Direito Privado.** Parte Especial. Tomo XXII. 3.ed. 2. reimp. São Paulo: Rev.Tribunais, 1984.

REALE, Miguel. A função social do contrato. 20 de novembro de .2003. Disponível em http://www.miguelreale.com.br/artigos /funsoccont.htm. Acesso em 5 de agosto de 2005.

____. **Lições Preliminares de Direito** .17 ed. Rio de Janeiro:Saraiva, 1990.

REQUIÃO, Rubens. **Curso de Direito Comercial.** v.2, 19. ed. atual. São Paulo:Saraiva, 1993.

RIBEIRO, Joaquim de Souza. **O problema do contrato. As cláusulas contratuais gerais e o princípio da liberdade de contratar.** Coimbra: Livraria Almedina, 1999.

ROPPO, Enzo, **O contrato.** Tradução de Ana Coimbra e M.Januário C.Gomes. Coimbra: Almedina, 1988.

ROSSI, Hugo Enrique. Oponobilidad y cumplimiento em los convenios de sindicación de acciones. **Negocios parasocietarios.** 2. ed.actual. y ampl. DUBOIS, Eduardo M. Favier (Director). Buenos Aires:AD.HOC, agosto 1999, p. 39-73.

SALOMÃO FILHO, Calixto. Função social do contrato: primeiras anotações. **Revista dos Tribunais.** ano 93, v. 823, p. 68-86, Maio 2004.

SANDOVAL, Carlos A. Molina. **Sindicación de Acciones. Contornos Jurídicos de los Acuerdos de Accionistas.** Buenos Aires:Depalma, 2003.

SAN TIAGO DANTAS, Francisco Clementino. **Programa de Direito Civil. Parte Geral.** Texto revisto com anotações e Prefácio de José Gomes Bezerra Câmara. Rio de Janeiro: Editora Rio, 1977.

SANTOS, Eduardo Sens dos. A função social do contrato. Elementos para uma conceituação. **Revista de Direito Privado.** São Paulo: RT, n. 13, p.99-110, jan./mar.2003.

SARMENTO, Daniel. **A ponderação de interesses na Constituição.** Rio de Janeiro:Renovar, 2000.

____. Vinculação dos Particulares aos direitos fundamentais no Direito Comparado e no Brasil *In:* BARROSO, Luís Roberto (Org.) **A nova interpretação constitucional: ponderação, direitos fundamentais e relações privadas.** Rio de Janeiro-São Paulo: Renovar, 2003, p. 193-284.

SASOT, Miguel A. Betes; SASOT, Miguel P. **Sociedades anónimas. Acciones, bonos, debentures y obligaciones negociables**. Buenos Aires: Ábaco, 1985.

SILVA, Clóvis Veríssimo do Couto e. **A obrigação como processo.** São Paulo:Bushatsky, 1976.

SILVA, José Afonso da. **Curso de Direito Constitucional Positivo.** 3.ed. rev e ampl. São Paulo:Revista dos Tribunais, 1985, p.511.

____. 26. ed. rev e atualiz.São Paulo:Malheiros Editores, 2006.

TEIXEIRA, Egberto Lacerda; GUERREIRO, José Alexandre Tavares. **Das sociedades anônimas no direito brasileiro.** v.2; São Paulo:José Bushatsky, 1979, p.472.

TEPEDINO, Gustavo. Premissas Metodológicas para a Constitucionalização do Direito Civil. **Temas de Direito Civil.** Rio de Janeiro: Renovar, 1999, p. 1-22.

_____. As relações de consumo e a nova teoria contratual. **Temas de Direito Civil.** Rio de Janeiro: Renovar, 1999, p.199-215.

_____. Crise de fontes normativas e técnica legislativa na parte geral do Código Civil de 2002. *In* TEPEDINO, Gustavo(org.)**A parte geral do novo Código Civil.** 2.ed. rev. e atual. Rio de Janeiro:Renovar, 2003, p. XV - XXXIII.

_____. Normas constitucionais e relações de Direito Civil na experiência brasileira. **Temas de Direito Civil.** Tomo II. Rio de Janeiro:Renovar, 2006, P.21-46..

TEPEDINO, Gustavo; BARBOZA, Heloisa Helena; MORAES, Maria Celina Bodin de.(Org.) **Código Civil Interpretado conforme a Constituição da República.**v. 1.Rio de Janeiro:Renovar, 2004.

VALVERDE, Trajano de Miranda. **Sociedades por Ações.** v.2, 3.ed. Rio de Janeiro:Forense, 1959.

VENTURA, Raúl. **Estudos vários sobre sociedades anônimas. Comentário ao Código das Sociedades Comerciais**. Cap. I, p.9-101. Coimbra: Almedina, 1992.

Printed in Poland
by Amazon Fulfillment
Poland Sp. z o.o., Wrocław